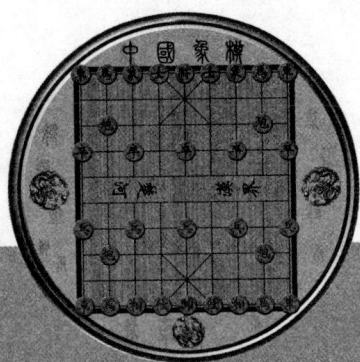

象棋与围棋

◎ 主编 金开诚

◎ 编著 王晓磊

吉林出版集团
吉林文史出版社

图书在版编目（CIP）数据

象棋与围棋 / 金开诚著. —— 长春：吉林文史出版社,2011.10 (2023.4重印)
（中国文化知识读本）
ISBN 978-7-5472-0865-6

Ⅰ. ①象… Ⅱ. ①金… Ⅲ. ①中国象棋－基本知识
②围棋－基本知识 Ⅳ. ①G891.2②G891.3

中国版本图书馆CIP数据核字(2011)第207025号

象棋与围棋

XIANGQI YU WEIQI

主编/ 金开诚　编著/王晓磊

项目负责/崔博华　责任编辑/崔博华　刘姝君

责任校对/刘姝君　装帧设计/李岩冰　赵　星

出版发行/吉林出版集团有限责任公司　吉林文史出版社

地址/长春市福祉大路5788号　邮编/130000

印刷/天津市天玺印务有限公司

版次/2011年10月第1版　印次/2023年4月第4次印刷

开本/660mm×915mm　1/16

印张/9　字数/30千

书号/ISBN 978-7-5472-0865-6

定价/34.80元

前 言

　　文化是一种社会现象，是人类物质文明和精神文明有机融合的产物；同时又是一种历史现象，是社会的历史沉积。当今世界，随着经济全球化进程的加快，人们也越来越重视本民族的文化。我们只有加强对本民族文化的继承和创新，才能更好地弘扬民族精神，增强民族凝聚力。历史经验告诉我们，任何一个民族要想屹立于世界民族之林，必须具有自尊、自信、自强的民族意识。文化是维系一个民族生存和发展的强大动力。一个民族的存在依赖文化，文化的解体就是一个民族的消亡。

　　随着我国综合国力的日益强大，广大民众对重塑民族自尊心和自豪感的愿望日益迫切。作为民族大家庭中的一员，将源远流长、博大精深的中国文化继承并传播给广大群众，特别是青年一代，是我们出版人义不容辞的责任。

　　本套丛书是由吉林文史出版社组织国内知名专家学者编写的一套旨在传播中华五千年优秀传统文化，提高全民文化修养的大型知识读本。该书在深入挖掘和整理中华优秀传统文化成果的同时，结合社会发展，注入了时代精神。书中优美生动的文字、简明通俗的语言、图文并茂的形式，把中国文化中的物态文化、制度文化、行为文化、精神文化等知识要点全面展示给读者。点点滴滴的文化知识仿佛颗颗繁星，组成了灿烂辉煌的中国文化的天穹。

　　希望本书能为弘扬中华五千年优秀传统文化、增强各民族团结、构建社会主义和谐社会尽一份绵薄之力，也坚信我们的中华民族一定能够早日实现伟大复兴！

目录

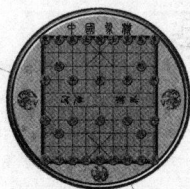

一、象棋简史

(一) 象棋概述

象棋又叫"象碁"，为了与"国际象棋"区别开来也可叫作"中国象棋"。

象棋属于二人对抗性游戏，用具非常简单，而且有很强的趣味性，成为民间流行极为广泛的棋艺活动之一。中国象棋在全世界范围内得到了很好的普及和推广。在中国古代历史中还出现了许多高

材质的象棋，它们都具有很高的收藏价值，如：高档木材、玉石等为材料的象棋。象棋更为文人墨客谱写诗篇增加了一个很好的素材，这也使象棋更具有一种文化色彩。

象棋在我国有着悠久的历史。在春秋战国时期文化名著《楚辞·招魂》中就有"菎蔽象棋，有六簙些"的词句。这就说明在当时已经有了"象棋"这个词，当然那时的象棋并不一定是现在的象棋。西汉时期的伟大史学家司马迁在《史记》中也提到了六博。依据《史记·苏秦列传》中记载，当时齐地居民安居乐业"斗鸡走狗，六博塌鞠"。可见玩象棋当时在民间已经被广泛流行，只是那时的棋，大概只有六个子，所以也叫"六博"。也就是说六博就是象棋在古代的俗称。象棋不仅是一般的古代流行游戏而且也是古代弈中的一种，也叫作"象戏"。相传这种弈在战国时期就已经有了。西汉时期的著名经学家、目录学家、文学家刘向在《说苑·善说》中有这样一句话："燕则斗象棋而舞郑女。" 可见，当时，在达官权贵和士大夫中，已经很流行下象棋了。其后北周武帝撰制《象经》，并且召集百余官僚讲说《象经》。这件事情说明象棋在当时的社会各界产生了普遍的影响。遗憾的是这些作品大多失传了。据传《象经》有日月星辰之象，以寓兵机。宋朝时期的司马光作有《古局象棋图》流传至今。根据这部棋图的记载，在唐朝之前的象棋中根本没有"炮"，这正是古代象棋与今象棋的重大差别，也恰好和中国古代军事技术的发展相吻合。由此可以看出象棋不是一般的弈类游戏，它是从古代战争中提炼出来的战争实况的模拟。加"炮"之

后的象棋和现代的象棋非常相近，也可以说是现代象棋的雏形。

现今通行的象棋，相传为唐代牛僧孺所制。刻于圆木、牙或骨质上，棋子有三十二枚，红黑各半。两人对弈，红方以帅统领仕、相及车、马、炮各二，兵五；黑方以将统率士、象及车、马、炮各二，卒五。对弈时双方轮流行棋，以将一方之将帅捉死为胜。

（二）象棋起源

1. 象棋起源的探索

象棋历史久远，千百年来深受全世界各国人民的喜爱，它含有体育、艺术和科学等各种因素。凡是象棋爱好者都知道，对局之中的趣味不是我们用语言能描绘出来的。另外，它的战斗性和竞争性，更是其他艺术所不能比拟的。由于象棋在各国流传得越来越广，关于它的起源问题，说法也就复杂起来。

近百年来，关于象棋的起源，猜测最多的一般有中国、印度、埃及、希腊、波斯和阿拉伯等几个地方，其中以中国、印度、埃及、希腊四说最盛。1930年从埃及开罗发出一条惊动世界棋坛的消息。消息称：在一个名叫大祭师乔沙欧克的人的坟墓内出土了一件距今有七千年历史的古代象棋盘。由此可见，象棋游戏，极有可能是由埃及人发明的，而不是由波斯人或中国人发明。如果这条消息是真的，那么，关于象棋起源问题的争论就可以了结了。然而，没过多长时间，人们就发现开罗通讯社的这条消息不是真的。象棋由埃及人所发明这件事也由此被否定了。经过人们细心的考究，象棋起源于波斯和希腊的说法也缺乏实际根据，因此，争论的焦点就集中到了起源于印度或中国的问题上来了。

在20世纪的50年代和60年代，象棋史学界认为象棋起源于印度，中国象棋是从印度传入的。但是欧洲的某些象棋史学家否定了这个观点，他们认为象棋是中国古代人民创造的。可是他们苦于没有有力的证据来证明这一点。直到20世纪70年代以后情况才发生了变化。英国著名学者李约瑟博士在其所著《中国科学文化史》中明确提出，象棋是中国人的创造，而且他还详尽地分析了中国古代游戏——六博与天文、象术、数学的关系，他在书中明确指出：只有在中国，阴阳理论的盛行促使象棋雏形的产生，带有天文性质的占卜术得以发明，继而发展成带有军事含义的一种游戏。从这一刻开始，象棋起源问题有了一个明确的结论。

1972年南斯拉夫历史学家比吉夫的

专著《象棋——宇宙的象征》断定象棋首先出现在569年的中国(象戏),然后才逐渐传播开来。

通过甘肃永昌鸳鸯池遗址出土彩陶绘图,我们可以估计出大约在公元前五千年以前,中国出现了8×8的线图。通过史料文物记载我们可以断定,在公元前10世纪以前已经有了"六博"这种古棋,到公元前5世纪六博经过改革而成"塞戏"。史料记载6世纪北周武帝发明的"象戏"和于地下出土的唐代"百宝象棋"基本相同,都是8×8线图,64格的棋盘,立体子,棋子摆在格子上面,也就是现代象棋的格局。

2. 象棋起源的传说

关于中国象棋的起源一直有很多的传说:

(1) 起源于传说时代的神农氏,如元念常《佛祖历代通载》说:

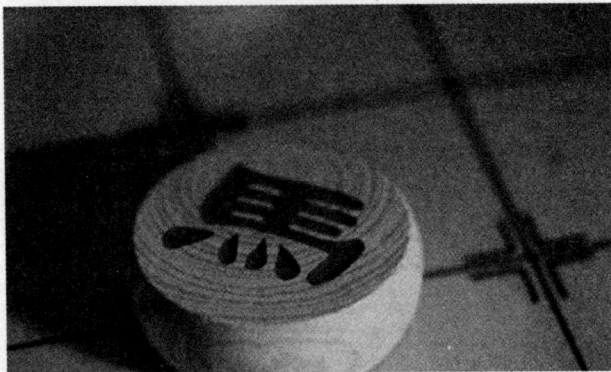

"神农以日用星辰为象，唐相国牛僧孺用车、马、士、卒加代之为机矣。"

（2）起源于传说时代的黄帝，如北宋晁补之《广象戏格·序》说："象戏，兵戏也，黄帝之战驱猛兽以为阵；象，兽之雄也，故戏兵以象戏名之。"

（3）起源于北周武帝，《太平御览》说："周武帝造象戏。"明罗颀《物源》说："周武帝作象棋。"

（4）起源于战国，《潜居类书》说："雍门周谓孟尝君：足下燕君，则斗象棋，亦战国之事也。盖战国用兵，故时人用战争之象为棋势也。"

（三）中国象棋的演变与发展

世界上的一切事物都是在对立的矛盾斗争中逐渐发展起来的，象棋的发展也是这样。根据一系列的史料记载，中国古代象棋的变化很大，它的整个发展过程是由简单到复杂，由易到难，而且是由量变到质变。历史证明，象棋是中国古代人民在长期实践中不断创造革新的成果，它深深地扎根在我国劳动人民的生活之中，有着广泛的流传。它与琴、书、画并列，被称为四大艺术之一，也是我国古代文化宝库中光芒夺目的一颗明珠。

1. 春秋战国时期

春秋战国时代，是我国奴隶社会衰亡、封建社会刚刚兴起的时代。这是我国历史上一个大变革时期。当时的科学技

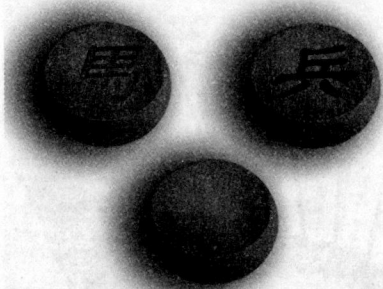

术、数学、天文学、军事学及体育艺术等，都有发展。棋艺被当时学者认为是数学的组成部分，也随之发展起来。其实，棋艺与当时的天文学、数学、军事都有关，也可以说，它是在这些学科的基础上形成和发展起来的，而且成为我国古代文化的组成部分。象棋在当时已经有了正式的记载，如：《楚辞·招魂》中有"菎蔽象棋，有六簙些。分曹并进，遒相迫些。成枭而牟，呼五白些"。《说苑》载：雍门子周以琴见孟尝君，说："足下千乘之君也，……燕则斗象棋而舞郑女。"由此可见，远在战国时代，象棋已在贵族阶层中流行开来了。

根据上述情况和象棋的形制我们可以推出，象棋应当是在周代建朝前后产生于中国南部的氏族地区。早期的象棋，棋制由棋、箸、局等三种器具组成。两方行棋，每方六子，分别为：枭、卢、雉、犊、塞（二枚）。棋子都是用象牙雕刻而成的。箸，就相当于现代的骰子，在行棋之前，先要投箸。局，是一种方形的棋盘。比赛时，"投六箸，行六棋"，斗巧斗智，相互进攻逼迫，而置对方于死地。春秋战国时的兵制，以五人为伍，设伍长一人，共六人，当时作为军事训练的足球游戏，也是每方六人。由此可见，早期的象棋，是象征当时战斗的一种游戏。在这种棋制的基础上，后来又出现一种叫"塞"的棋戏，只行棋不投箸。

2. 秦汉时期

秦汉时期，随着生产的发展，政权的统一，各地区和各民族之间的联系加强了，其文化事业也蓬勃发展起来。如著名的《九章算术》的出现、造纸术的发明、张衡的地动仪、华佗的医药学，都是这个时期对人类所作出的杰出贡献。就象棋而说，从湖北云

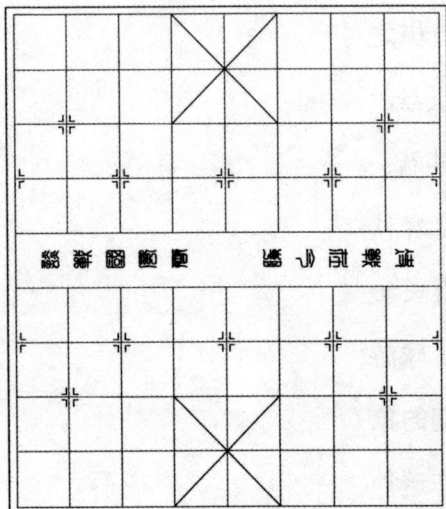

梦西汉墓出土的塞戏棋盘和甘肃武威磨嘴子汉墓出土的彩绘木俑塞戏，我们可以看出汉代边韶《塞赋》中对塞戏形制的描写已经有了不少变化。从出土的文物我们也可以了解到塞戏在当时颇为盛行。

3. 南北朝时期

三国两晋南北朝的时候，出现了各民族的大融合现象，由此带来了各族人民的辛勤劳动，社会生产有了明显提高，此时的科学文化也相应地得到了新的发展。象戏产生在南北朝时代并不是偶然。因为人们对当时的棋戏，如六博、塞戏，觉得着法简单，趣味太淡，而围棋还过于浪费时间，此时象戏正好居二者之间，适宜于一般群众的文体活动。由此引来了象棋形制的一个改革。至南北朝时期的北周朝代，北周武帝制《象经》，王褒写《戏·序》，庾信写《象戏经赋》，标志着象棋形制第二次大改革的完成。

4.隋唐时期

隋唐时期，我国南北统一，疆域广阔，经济发达，中外文化交流十分频繁。因此，各族人民共同创造了光辉灿烂的文化，如李白、杜甫、白居易等人的唐诗，吴道子、阎立本的绘画及其他科学艺术，成为当时世界上最大的文化宝库之一，深刻地反映了我国古代人民卓越的才智。这个时期的棋艺如围棋、象棋、双陆、弹棋等，也都有了新的发展。

隋唐时期，象棋活动稳步开展，其中最重要的记载是《士礼居丛书》载《梁公九谏》中对武则天梦中下象棋频输天女的记叙和牛僧孺《玄怪录》中关于宝应元年

岑顺梦见象棋的一段故事。结合现在能见到的北宋初期饰有"琴棋书画"四样图案，而以八格乘八格的明暗相间的棋盘来表示棋的苏州织锦和河南开封出土的背面绘有图形的铜质棋子，再通过诗文传奇中的诸多记载，我们可以了解到当时象棋的流行情况。

5. 宋朝时期

北宋是中国古代象棋的大革新时期，这个象棋革新运动，整整持续了一百六十多年，最后才定型为今天的中国象棋。

火炮的发明，在军事的战略战术上起到了相当大的变化，这一现象反映到象棋中，也促使了象棋的变革。此时先后有司马光的《七国象戏》，尹洙的《象戏格》《棋势》，晁补之的《广象戏图》等著术问世，民间还流行"大象戏"。这一现象致使古代象棋的形制，通过北宋中叶的大革新, 通过广大棋艺家对各种棋制的选择, 经过了上百年的艺术实践, 于北宋末定型成近代模式: 32枚棋子, 有河界的棋盘, 将帅在九宫之中等等。

南宋时期是我国近代象棋定型后进入的一个新的发展时期。定型后的中国象棋, 艺术性和娱乐性都大大增强了, 深受当时广大群众的欢迎和喜爱。象棋在南宋初不仅遍及全国, 而且已是家喻户晓, 成为当时流行极为广泛的棋艺活动。李清照、刘克庄等文学家, 洪遵、文天祥等政治家, 都嗜好下象棋。南宋的都城杭州出现了专制象棋子和象棋盘的手工业者。不仅如此, 宫廷设的"棋待诏"中, 象棋手占一半以上。民间有称为"棋师"的专业者。南宋还出现了洪迈的《棋经论》、叶茂卿

的《象棋神机集》、陈元靓的《事林广记》等多种象棋著述。

北宋末南宋初，是我国近代"九十路"象棋的定型时期。自此之后，我国象棋就向着更好的方向发展，在这一时期，象棋谱也应运而生，并且在数量上有逐渐增多的趋势。南宋至元代的象棋谱，据可靠文献记载，有《棋经论》《单骑见虏》《事林广记》等。

6. 元明清时期

元明清时期，象棋继续在民间流行，技术水平不断得以提高，出现了多部总结性的理论专著，其中最为重要的有《梦入神机》《金鹏十八变》《橘中秘》《适情雅趣》《梅花谱》《竹香斋象棋谱》等。杨慎、唐寅、郎英、罗颀、袁枚等文人学者都爱好下棋，涌现出一大批如周廷梅、王再越、吴梅圣等出类拔萃的象棋国手大家。棋理棋势的

研究更加深化，促进了象棋文化的发展。是古代象棋史上的黄金时期。

7. 建国之后

建国以后，老一代象棋艺术家杨官璘、新一代象棋国手柳大华、吕钦、许银川以及一大批象棋工作者，总结发扬了前人的文化遗产，勇于创新，锐意进取，使象棋文化更加绚丽多彩，真正成为了中华文化史上一颗璀璨的明珠。

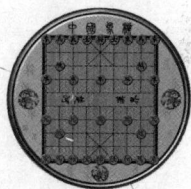

二、认识象棋

（一）棋盘与棋子

1. 棋盘总述

象棋是一种双方对阵的竞技项目。棋子共有三十二个, 分为红黑两组, 各有十六个, 由对弈的双方各执一组。兵种是一样的, 分为七种。

红方: 红方有帅一个, 仕、相、车、马、炮各两个, 兵五个。

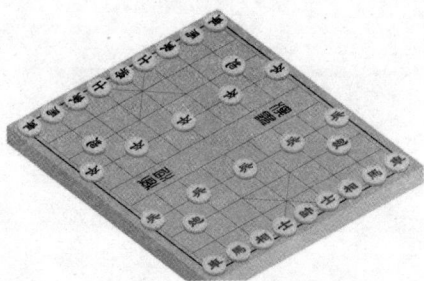

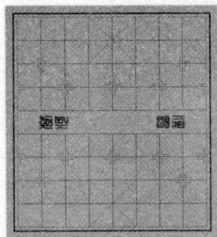

黑方：黑方有将一个，士、象、车、马、炮各两个，卒五个。

其中帅与将；仕与士；相与象；兵与卒的作用完全相同，仅仅是为了区别红棋和黑棋而已。

棋子活动的场所，叫作"棋盘"。在长方形的平面上，绘有九条平行的竖线和十条平行的横线相交组成，共有九十个交叉点，棋子摆在交叉点上。中间部分，也就是棋盘的第五、第六两横线之间画竖线的空白地带称为"河界"。两端的中间，也就是两端第四条到第六条竖线之间的正方形部位，以斜交叉线构成"米"字方格的地方，叫作"九宫"，象征着中军帐。

整个棋盘以"河界"分为相等的两部分。为了比赛记录和学习棋谱方便起见，现行规则规定：按九条竖线从右至左用中文数字一到九来表示红方的每条竖线，用阿拉伯数字1—9来表示黑方的每条竖线。对弈开始之前，红黑双方应该把棋子摆放在规定的位置。任何棋子每走一步，进就写"进"，退就写"退"，如果像车一样横着走，就写"平"。

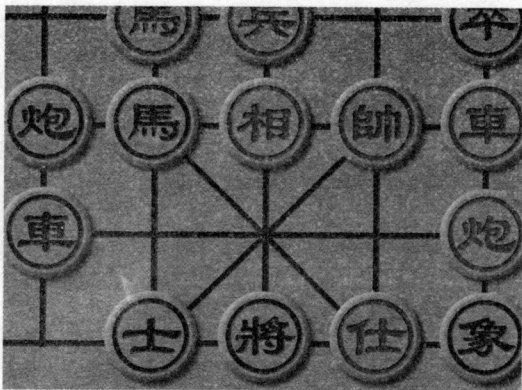

2. 棋子的走法与子力价值

帅（将）：帅和将是棋中的首脑，全盘棋子争夺的目标，需要我方棋子保护。它只能在"九宫"之内活动，可上可下，可左可右，每次走动只能按竖线或横线走动一格。帅与将不能在同一直线上直接对面，否则走方判负。中、残局时可出帅助攻，如"铁门栓"。

仕 (士)、相 (象)：属于防守的棋子。仕 (士) 是帅 (将) 的贴身保镖，它也只能在九宫内走动。它的行棋路径只能是九宫内的斜线。相 (象) 的主要作用是保护自己的帅 (将)。它的走法是每次循对角线走两格，俗称"象走田"。相 (象) 的活动范围限于"河界"以内的本方阵地，不能过河，且如果它走的"田"字中央有一个棋子，就不能走，俗称"塞象眼"。

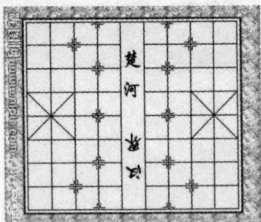

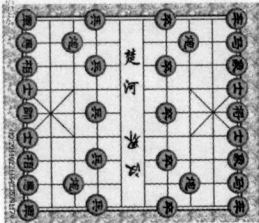

车：象棋中实力最强的棋子，由于可以在棋盘线上飞快地移动，只要无子阻拦，步数不受限制。不论吃子与移动都十分方便，因此，一车可以控制十七个点，故有"一车十子寒"之称。其实力相当于双马、双炮、马炮。其近、中、远程作战都适用。

炮：由于其"炮打隔子"，因此中远程作战，其多用于牵制，和各子 (主要是车) 配合都很容易。在残局要依靠仕相的力量攻守 (俗称"残局炮还家")。开、中局由于子多，它的"炮架子"也多，实力略高于马。残局"炮架子"少，实力也相应减弱，但其依靠仕相防守力强于马，因此"求和易留炮"。其实力等于一马、双仕、双相、一仕一相。

马：马走动的方法是一直一斜，即先横着或直着走一格，然后再斜着走一条对角线，俗称"马走日"。马一次可走的选择点可以达到四周的八个点，故有"八面威风"之说。如果在要去的方向有别的棋子挡住，马就无法走过去，俗称"蹩马腿"。其属中距离作战兵器。与炮相反，由于"蹩腿"，子力少时，实力较炮强。由于此性质，它易往开阔处跳，戍边反而不利。其实力相当于一炮、双相、双仕、一仕一相。

兵（卒）：兵（卒）在未过河前，只能向前一步步走，几乎无攻击力，但有疏通我方马路兼限制敌方马路的作用。过河后除不能后退外，允许左右移动，但也只能一次一步，当靠近敌方九宫时威力大增，故有"小兵过河顶大车""过河卒子半个车"等说法。过河的兵相当于一仕、一相。注意兵轻易不要沉底。

3. 楚河汉界

楚河汉界指的是河南省荥阳市黄河南岸广武山上的鸿沟，是古代的一处军事要地。西汉初年楚汉相争时，汉高祖刘邦和西楚霸王项羽仅在荥阳一带就爆发了"大战七十，小战四十"。公元前203年，刘邦出兵攻打楚国，项羽粮缺兵乏，被迫提出了"乃与汉约，中分天下，割鸿沟以西为汉，以东为楚"的要求，从此就有了楚河汉界的说法。鸿沟便成了楚汉的边界。现在鸿沟两边还有当年两军对垒的城址，东边是霸王城，西边是汉王城，传说就是当年的刘邦、项羽所筑。两城中间，就是人们平常所说的鸿沟，也是象棋盘上所标界河的依据。

(二) 象棋记录

现行的记谱法一般使用四个字来记录棋子的移动。

第一个字表示需要移动的棋子。

第二个字表示移动的棋子所在的直线编码 (红黑方均为由己方底线从右向左数)，红方用汉字，黑方用阿拉伯数字表示。当同一直线上有两个相同的棋子，则采用前、后来区别。如"后车平四""前马进7"。

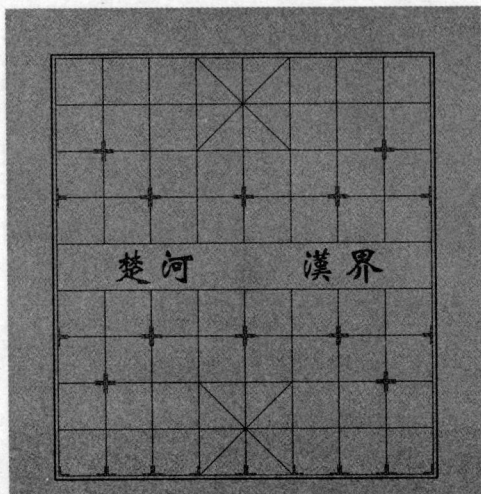

第三个字表示棋子移动的方向，横走用"平"，向对方底线前进用"进"，向己方底线后退用"退"。

第四个字分为两类：棋子在直线上进退时，表示棋子进退的步数；当棋子平走或斜走的时候，表示所到达直线的编号。

（三）象棋术语

1. 局面术语

开局：是指双方按各自的战略思想把棋子布成一定阵势的阶段，通常在10回合之内，但当前棋手们对开局的研究越来越深入，某些开局的变化已达到前15回合，开局后期和中局前期交织。

中局：是阵势布列后双方棋子接触，进行扭杀的阶段，介于开局与残局之间。

残局: 是尾声阶段, 主要特点是兵力大量消耗, 盘上特点从中局大量子力的扭杀转变为少量子力间互动, 残局阶段直接性的战斗接触减少, 子力的调运最为关键。

先手: 开局时红先, 对局中的主动者。

后手: 开局时黑后, 对局中的被动者。

起着: 开局第一着。

妙着: 对局中, 一方走出出人意料的棋, 从而取得战术上的成功, 或棋局的主动权。

正着: 当时棋局下必须走的一着或数着, 也称正确着法或官着。

劣着: 一方弈出着法无全局观念, 或进攻不当, 防守不力, 往往导致局势不利或失败。

均势: 双方局势均衡、兵力相等。

入局: 在双方纠缠阶段, 一方组织子力对另一方产生一个战术打击, 并且此打击直接获胜的过程, 入局可能是连杀, 也可能只是小兵开始渡河, 但必须是能产生胜利的过程。

优势: 一方兵力多于另一方, 或掌握了棋局的主动, 明显好走。

胜势: 一方多子占优, 局势大局已定, 胜利在望的一方称胜势。

2. 棋盘术语

九宫: 将帅活动区域, 棋盘的"米字格"。

中线: 棋盘中第五条直线, 五 (5) 代表中路。

肋道: 中线左右的四、六 (4、6) 路, 属于攻防要道。

边线: 棋盘的一、九 (1、9) 路纵线。

河界线: 双方从下向上数第五条横线。

兵行线 (卒林线): 双方从下向上

数第四条横线，兵（卒）的初始位置所在横线。

宫顶线：双方从下向上数第三条横线，九宫的最高位置。

底二路：双方从下向上数第二条横线。

底线：双方最低的一条横线。

巡河：一方的棋子在己方河界上。

骑河：一方的棋子在对方河界上。

3. 行动术语

将：称将军、照将等，攻击敌方帅（将）。

双将：亦称双照将，一方走动棋子后由两个子力同时攻击对方帅（将）。三照将同理。

应将（解将）：对于将军采取反击、躲避、防卫的办法。

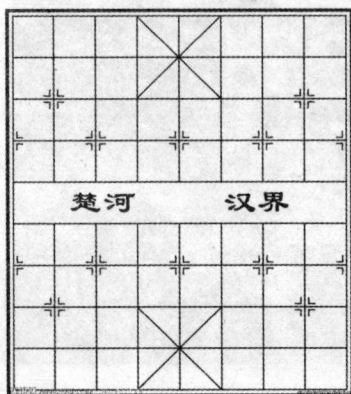

将死: 照将无法应将。

困毙: 走棋一方无棋可走。

杀: 走子企图下一步将军, 将死对方者, 称杀着, 简称"杀"。

捉: 走子后造成下一着吃掉对方某个无根子。

打: 将、杀、捉等攻击手段的统称。

兑: 走子与同等子互换吃者, 称"兑"。

闲: 不属于打的棋, 统称闲。

献: 凡走子送吃者, 谓之"献"。

拦: 凡走子拦阻对方子力之左右进退移动者, 谓之"拦"。

有根: 凡被捉子如另有子保护, 可以反吃者, 谓之"有根", 否则谓之"无根"。

4. 棋子术语

边车: 位于一路或九路上的车。

肋车: 位于四路或六路上的车。

沉底车: 车移动到对方底线。

贴身车: 贴着将帅的车。

兵 (卒) 行车: 位于兵 (卒) 林线的车。

花心车: 位于九宫中心的车。

高头车: 位置高而出路开扬的车。

低头车: 指位置不佳、至少要走一步或多步之后才能投入战斗的车。

守丧车: 被牵制而动弹不得的车。

巡河车: 位于己方河头线的车。

骑河车: 位于对方河头线的车。

篡位车: "车"置于将帅的原位。

小刀剜心: 以兵闯入宫心的一种弃子入局着法。

双车错: 同一方双车在局部范围内交错移动。

屏风马: 双马并踞, 状名屏风。

边马: 位于一路或九路的马。

盘河马: 开局时指位于三路或七路己方河头线上的马。

高钓马 (侧面虎): 位于三路或七路

对方卒林线上的马。

连环马：两马互为根，互相保护。

穿宫马：马从九宫的一边跳到九宫的另一边；开局泛指飞象后马由底线穿过九宫中路到士角位。

反宫马：以双正马士角炮为主体的开局阵式，亦称"夹炮屏风"。

绊脚马：去路被阻的马。

八角马：指进到对方士角挂角将军，并将对方的将（帅）逼到与"挂角马"成对角位置的马。

双马饮泉：双马逼近九宫的一种战术，亦为一著名残局的名称。

（四）象棋基本杀法

1. 对面笑：即将占据九宫中路而又无其他子遮挡，就可以利用将帅不能碰面的规则控制住中路，再利用车、炮、兵等在对方将帅所居的肋道上纵向照将而取胜。

2. 双车错: 运用双车交替"将军"把对方将死的杀法被称为双车错杀法。这种杀法在对方将帅无其他子或士象的保护时使用, 迅猛无比。

3. 三车闹士: 在残局阶段, 一方的兵 (卒) 已深入九宫, 攻击对方的中士, 又以双车相配合, 其攻击力量相当于三车, 故名三车闹士。

4. 夹车炮: 双炮和车集中于一侧, 用车和双炮交替将军, 其形式与双车错杀法相类似。

5. 大胆穿心: 又称大刀剜心, 就是车在其他子力的配合下强行杀对方中士, 逼对方用底士去吃车, 从而闪露出底线的空当再用其他子作杀; 若其不用底士吃车而是出将, 则同样可将死。

6. 铁门栓: 利用中炮的威力控制中路, 再用车封住将门后用其他子配合强行将杀。如果对方有一车守底线, 攻击方有

两只重叠的车再加上将(帅)之力, 也可破敌, 称为"连将三山车"。有时也用兵来代替车控制将门。

(五) 象棋基本布局

布局又称开局, 是一局棋的开始阶段, 是全局的基础, 对中局形势的形成和发展有决定的影响, 有时甚至直接决定全局的胜负。

1. 布局的基本原则

(1) 尽快出动大子, 两翼呼应

(2) 车路要通

(3) 抑制对方大子的出动

(4) 注意子力的协调性和联络性

2. 布局的简单定式

(1) 顺手炮开局

顺手炮布局渊源已久，以双方都走同一方向的炮得名。明代象棋谱中已有专题论述，可以说是最早成体系而流行的布局阵势。这种开局双方在中路对攻激烈，属刚性布局。

(2) 列手炮开局

列手炮也称逆手炮，因双方两炮方向不同，故而得名。它的特点是双方子力都集中于一侧，往往构成对称式阵型，各攻一翼进行激烈搏杀。明朱晋桢《橘中秘》与清王再越《梅花谱》均有专题论述，并有小列手炮和大列手炮，由于红方可先手进里马；而后手方跳马屯边出路狭窄，同时中兵仅剩下单马保护，并无对杀机会，因而近年来此类局在专业棋手中较为少见。

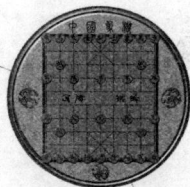

三、象棋古谱、象棋国手及象棋名局

（一）象棋古谱

中国象棋的历史源远流长，棋书著作，繁花似锦。据史书记载，早在南北朝时期，北周武帝就曾大宴群臣，宣讲《象经》，唐代亦有《象戏格》等棋书流传。象棋著作至宋代一度兴盛，先后有司马光的《七国象戏》、尹洙的《棋势》、晁补之的《广象戏图》、洪迈的《棋经论》、叶茂卿的《象棋神机集》等多种象棋理论性

著述传世。下面着重介绍中国象棋史上那些以记载象棋谱为主,构思巧夺天工的古籍。

1.《梦入神机》

《梦入神机》象棋谱十二卷。作者佚名。《梦入神机》在明代是一部相当流行的象棋谱,明代各藏谱家都曾收藏过此谱。但令人十分惋惜的是,至今尚未发现其他完整的版本流传下来。《梦入神机》残本,是郑国钧于1949年在天津静海县的一个集市上,从一个姓杜的杂货商的包装纸中抢救出来的。经过郑的搜集,仅有一、二、三卷残本和卷七一册共二百八十五局。从中删去与《适情雅趣》相同的局数后,尚存一百四十四局,这是非常难得的宝贵遗产。

2.《事林广记》

宋陈元靓的《事林广记》中记载有中国目前所能看到的最早的象棋棋谱,比最早的国际象棋谱还要早二百多年。

3.《百变象棋谱》

此书在明代嘉靖元年(1522年)问世,清朝康熙及乾隆年间,都曾先后翻印,翻印本除序文有所修改外,其余都和明本一样。

这本棋谱共有简短残局七十局,分为胜、和两集,计胜局八局,和局六十二局。记谱的方法不采用行格位置而仅用文字说明,如:车进将,马河界,象走边等,可以看出早期象棋残局和棋谱记录方法的特色。版藏始康紫霞村,书的扉页中间直书"百变象棋谱"五字,上面横刻"翻印必究"四字,右上角有"新增异样形势,秘传神妙着法"十二字,左下角则有"举手便知"四字(这些显然系书商为招徕生意所加)。书系小型木刻本,除序文

两页外，棋式共有三十五页，计七十图。每局上半页横列局名，每行三着，但也有四五着者，不一致。每局仅列一种正着，不列变着。图式和一般古谱不同。红黑方向相反，由黑方先走（一般古谱红方在下，黑方在上，由红方先走）。棋子的兵种，红方是将、士、象、车、马、包（炮）、兵；黑方是帅、士、相、车马、包（炮）、卒。书的背脊刻印有"家藏棋谱"四字。根据序文所言，这是将古谱按式样重行刊印的，原谱当属更早的作品，究竟是在"梦入神机"以前的作品还是以后的作品已经无法查考。

4.《金鹏十八变》

象棋谱。作者佚名。成书年月不详。明嘉靖十九年（1540年）编成的《百川书志》有此谱录，估计在此之前已经成书（两卷，一说一卷或四卷）。

《适情雅趣》和《橘中秘》中全书谱序页，均冠以"金鹏十八变"。系统阐述了斗炮局的各种变化，同时也指出屏风马的战略方向。

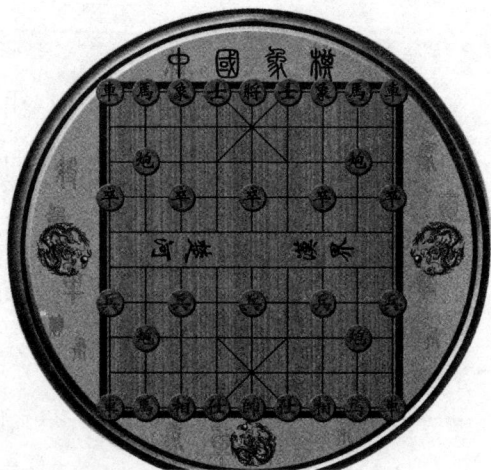

5.《适情雅趣》

象棋谱。明隆庆四年（1570年）刊出，金陵徐芝编，全书十卷，一至八卷册为残局图式，相传选自《梦入神机》，计五百五十局。九、十两卷选自《金鹏十八变》，主要介绍顺手炮、列手炮的各种变化。该谱为内容最丰富、局例最多、规模最可观、最完整的象棋古谱。

6.《橘中秘》

明东海朱晋桢辑。其谱大多选自《适情雅趣》，经过整理，分类和棋谱的编写方法都比较完整。

7.《心武残编》

本书刊印于清嘉庆五年 (1800年)，六年后又再重订补遗。是由云间 (即现在的松江) 薛丙搜集当时流行残局，精心解析，辑著成书，并经古吴 (今江苏苏州) 稽山吴绍龙校阅，四明 (今浙江宁波) 二安叶明参订。全书共分六卷，有残局一百四十八局，前两卷刻印棋局图式，后四卷刻印着法，多数以正和为主，其中改正旧本的，也有红胜、黑胜间列其中，所有着法都较以前各种残局谱深奥，有"后来居上"之感，可以说是最先的排局谱。

8.《百局象棋谱》

中国象棋棋谱。清三乐居士编。嘉庆六年 (1801年) 刊印。八卷，共有残局一百零七局。着法以和局为主，棋势均为当时流行于民间的局式，并以成语、谚语命名。如七星聚

会、野马操田、蚯蚓降龙、千里独行（以上合称"江湖四大名局"）等。其中八十九局与《竹香斋象戏谱》相同。在民间流传最广，迄今计有四十余种版本。

9.《渊深海阔》

清陈文乾编。成书于嘉庆十三年（1808年）。十六卷，共三百七十局。整理汇编了当时流行于民间的各种残局、排局名作。如《七星聚会》《跨海征东》等。收录较全，并按双方子力分类介绍，以利于参考查阅。弈林早就传闻有原谱手抄本。天津《商报》《庸报》还刊出其排局，海外报纸也竞相转载，传诵一时，但昙花一现便销声匿迹了。

10.《竹香斋象戏谱》

清张乔栋编。原本有两册，共一百六十局，曾刊印于嘉庆九年（1804年）。均以和局为主，原编者张乔栋把棋势变化最繁复的四十八局棋势编为第三集，此集所收棋局张乔栋谓之"俗称江

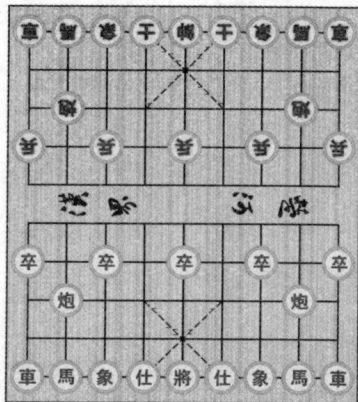

湖秘谱者"，"势宽局纵"，非常深奥，边雕版，边增删，"开雕既竣，未及问世"，张乔栋于壬申年（1812年）去世。其子张景煦继承父志，删去初集中六局、二集中六局、加入三集四十八局，完成了全三集共一百九十六局的丁丑年版本（1817年出版）。清代至新中国成立前的漫长岁月中，《竹香斋象戏谱》被书商翻刻，有多种版本，局数不同，有的多达二百零八局棋势。

《竹香斋象戏谱》原谱有木刻、石印、铅印多个版本。内容博大精深，深奥有趣，能提高棋艺，颇有观赏研究的价值。

11.《梅花谱》

梅花谱，象棋古谱，清王再越等著。象棋界中的两大名谱之一，与《橘中秘》并列称为"橘梅"。

《梅花谱》是一部具有划时代意

义的象棋著作。六卷，分前后两集，每集分上、中、下三卷，均为全局着法。它所载屏风马破当头炮八局，细微、深刻、精巧，如行云流水，奇妙至极。在"起炮在中宫，比诸局较雄"的当头炮时代，它提出了柔能克刚，屏风马必破当头炮的新论点。

（二）象棋国手

1.百岁棋王——谢侠逊

1888年10月1日，谢侠逊出生于浙江温州平阳县一农民家中，他的出生给棋坛带来了一个璀璨的新星。谢侠逊驰骋棋坛近一个世纪，力挫国内许多名家高手，被人尊为"百岁棋王"。

1918年，上海举办全市个人象棋比赛，有六十多名棋坛高手，谢侠逊力战群雄，名列第一。他不仅精于中国象棋，还刻苦钻研国际象棋，造诣颇深。

1926年，棋友们在上海成立"全国象棋司令部"，谢侠逊被推为总司令。他还委任了各军长、师长、旅长，轰动一时。

1934年，新加坡、印尼一带棋友多次邀请谢侠逊赴南洋比赛。在新加坡表演时，英国皇家空军司令亨特要求和谢侠逊对弈。亨特是1934年英国国际象棋赛冠军，他并不把谢侠逊放在眼里，扬言愿意让两子。谢侠逊怎能忍受这样的侮辱，执意"平着"。这就是在嘉东华侨游泳会举行的临时"中英国际象棋友谊赛"，谢侠逊沉着应战，亨特反而阵脚大乱，欲求和棋，侠逊不从，并一举击败亨特。当地华侨为之扬眉吐气。

归途，谢侠逊参加在沙面举行的中、英、

美、德、奥五国"银龙杯"国际象棋赛，以胜十八局、负一局、和一局夺得冠军。

上海"八一三"事变以后，日本侵略者加紧侵华。谢侠逊虽已年过半百，然而"国家兴亡，匹夫有责"，他决心为抗日救亡尽一份力。他将妻儿送回平阳老家，只身来到南京请缨救国，但是报国无门。心急如焚的谢侠逊，后逢当时政府准备派五位巡回大使出国募捐，其中赴欧美的四人已定，唯去南洋的苦无适当人选。谢侠逊找到邵力子，毛遂自荐。邵力子为他忧国忧民的精神所感动，答应为之保荐，并题词相赠："胜者所用败者之棋，明乎此义，复兴中国何难哉！"张治中也赠题词一帧："虽剩一兵一卒，亦必抗战到底，必得胜利而后已。"冯玉祥手书"象棋国手"以勉。

谢侠逊从菲律宾到印尼，又从印尼到马来西亚、新加坡，取道缅甸回国，历时两年。在槟城时，当地筹赈组织借用体育

场地划为棋枰，招募男女青年各十六人为"活棋子"，当谢侠逊和棋手们比赛时，男女青年进退自如，煞是好看。观众人山人海，蔚为壮观。

1939年夏，谢侠逊回到重庆，已鬓须斑白了。但是还常在东方协会内与爱国民主人士对弈象棋，还为《大公报》副刊《象棋残局》专栏撰写棋稿，每日刊登一局。

抗战胜利之后，内战开始。谢侠逊对当时政府反动统治十分不满，以《止戈为武》《救民水火》《制止内战》《悬崖勒马》等为残局题名，来反对当时政府独裁统治和倒行逆施。他1947年离开重庆返回上海，回到了平阳老家，重新用起了过去的别号"烂柯山樵"，欲与棋枰为伴，终了此生。

正当谢侠逊心灰意冷之际，平阳解放了。他又回到了上

海。在周恩来总理的大力推荐下，谢侠逊被上海文史馆聘为馆员，并被任命为全国象棋协会副主席。

1981年，谢侠逊听说全国棋类联赛在温州举行，虽然他已93岁高龄，但执意赴会。在会上，谢侠逊见到新中国第一代象棋冠军杨官璘、第三代冠军柳大华，感到象棋事业后继有人，心里十分高兴。他还与温州棋坛老将沈志弈举行公开表演，一时传为佳话。

2. 象棋国手——杨官璘

杨官璘的出现，在象棋坛上创造了空前的奇迹，他是中国自有象棋历史以来，成就最大的棋人。而且他没有拜师，棋艺完全是靠天赋加上毅力，这在象棋名手中实在不可多得。靠自己学棋，还能达到如此炉火纯青、前无古人的境界，更是自古以来，只此他一人而已！这是杨官璘在棋坛上创造的一大奇迹。

杨官璘是广东东莞人，拙于言辞，长于思考，从外表看来，他像淳朴的"乡下人"，智慧的光芒，并不炫露；但他正是"大智若愚"，以朴

实无华的作风，潜心研究，一步一步走到了光辉的顶点。

杨官璘在象棋界奠定地位是在香港的象棋会举办的会员赛上，他击败了卢辉的高足李志海而获得了冠军，自此他才在象棋界崭露头角。

广州春岭南文物宫主办"七雄夺鼎赛"。七雄指的是：杨官璘、陈松顺、卢辉、袁天成、覃剑秋、朱德源、陈鸿钧，都是棋坛上顶尖儿的人物。结果杨官璘雄踞擂台，任由六雄轮流攻打，又保持了不败的纪录，夺得银鼎。在这之后，谢侠逊又战败了具有"棋坛彗星"之称的李义庭。

除了这几场重要的战役外，其他名手如谢侠逊、窦国柱、林奕仙、罗天扬、朱剑秋等，也都先后败在杨官璘之手。

　　杨官璘《棋国争雄录》的出版，可以说是棋坛的一大喜讯。在《棋国争雄录》中，杨官磷将他与各方名手的对局，以及其他一流名手的对局，兼收并蓄。既可作学习之资，也可作棋坛文献。

　　3. 记忆奇人——柳大华

　　柳大华是湖北省武汉市人。小时候家里日子过得很艰苦。大华和大哥大中、二哥大昌都很喜欢象棋，因此家跟前的棋摊成了哥仨常去的地方。柳大华第一次参加全国比赛，在八十六名选手角逐的大赛中，就获得了第三十三名的好成绩。接下来的几次全国赛，柳大华就更令人刮目相看了。1976年，柳大华获全国第十二名，1977年获全国第九名，1978年获全国第三名，1979年获全国第二名。此时的柳大华的战绩真可谓是如日中天。1981年的全国个人赛，柳大华上演了一场大逆转，这一场逆转惊煞了棋坛，更使他稳稳地扎根在了棋坛界。

1995年2月25日，柳大华在北京棋院举行的1对19的"盲目棋"比赛中，对手是北京市个人赛中12名到24名，再加上历届老冠军和少年冠军。结果，柳大华获得9胜8和2负的佳绩，也作为"中国之最"载入史册。

2006年8月4日，柳大华在成都和108人同时对弈，历时7时30分，获得了69胜30和9负的佳绩，打破了赵国荣创下的101盘的吉尼斯世界纪录。

2006年9月24日，柳大华在临朐县沂山顶应众1对12弈"盲棋"，在当地引起极大的震动。

4．棋王传奇之弈林盟主——周德裕

周德裕，1900年出生，扬州市人。周德裕小时候曾读过约五年私塾，这使得周德裕在今后成为职业棋人后，较一般江湖棋手高了一个文化层次，较容易为社会上层所接受，如壮年受聘华南象棋会的教习和任《华字日报》象棋专栏的编辑。

由于父和弟都会象棋，周德裕学棋条件较好。在少年阶段，周德裕就读过他父亲收藏的《橘中秘》《梅花谱》《百局象棋谱》等书，为此，他对各种开局法、各种残局定式有所了解。

大约在20世纪10年代末，周德裕的棋艺已达到名手水平，他的父亲周焕文支持他去邻近的镇江、南京、常州、苏州、上海、杭州等地弈游。在南京，除了和名手万启有基本持平外，对邓春林等也有小胜；在杭州和冯梄蒸、吴之谦等对弈也小胜；只有在上海对励志英、林弈仙等一批一流名手的弈绩略为逊色。但他得到了锻炼并提高了棋艺，总的来说取得胜多负少的成绩，这使得江南棋界都知道周焕文有个极富棋才的儿子，周德裕的棋名

开始传开了。

周德裕"学棋"阶段的结束，是以向"慢国手"张锦荣挑战，取得净胜14局的战绩为标志。

成名后的周德裕，主要活动在上海和香港两地，因为这两地代表了华东和华南的最高水平，且经济发达，人口相对集中，又有多处弈棋表演场所，是职业棋人谋生的理想之地。

在近现代中国象棋史册里，谁可以除谢侠逊之外称为棋坛盟主？武进朱铭源先生认为当推周德裕。这大概是全国象棋界比较能接受的一种观点，因为周德裕拥有"七省棋王"的桂冠；又长期在华南的广州、香港征战，还远征过南洋诸岛，战绩显著。著名棋艺理论家贾题韬盛赞周德裕"灵动""以才思胜""代表我国南派风格"。名棋手窦国柱称周德裕"攻守兼备，刚柔并用，萃诸家之长，擅变化之巧"。广东棋界称周德裕为"五战全才"

（指车战、马战、炮战、兵战与将士象配合作战）。周德裕的棋艺贡献，还反映在著述上，他著有《象戏勾玄》《象棋残局新编》《象棋讲义》《四十八则开局法》等。尤为可贵的是，周德裕教导后进不遗余力，使不少人受其熏陶而进入名手之列。唯一的遗憾是，周德裕没有会战过棋誉更高的西北棋圣彭述圣。

5. 西北棋圣——彭述圣

在今日，当人们评述起民国时期象棋界的人物时，大家不能不提到西北棋圣彭述圣，因为他访问京华时，以58岁高龄打遍诸多北方名手，取得压倒性胜利；而且在对低手的让先、让子棋方面，较诸多其他名棋手，具有较大的优势。彭述圣与华东的周德裕、张观云和华南的黄松轩、曾展鸿等没有交过手，但棋人们通过胜负概率估算，还是对彭述圣的棋力看好。为此，彭述圣被福建的《象棋月刊》等刊物称为大国手。

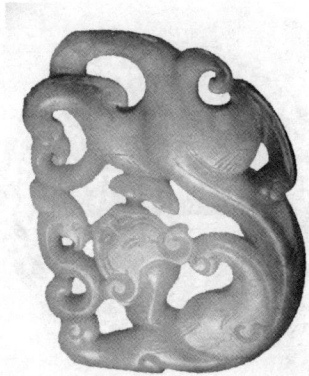

彭述圣在幼年时期就显示出运思敏捷、悟性特强等特点。他虽读书时日不多，但写得一手小楷书，使他以后一度进法院、警察局供职时，能胜任工作。

清朝时期象棋盛行，兰州虽处于西北腹地，然而棋风亦盛。据传，彭述圣的父亲也是一位象棋好手。再由于彭述圣在幼年时表现出的运思敏捷、悟性特强，因此在童年时就学会了下棋。当时兰州的街头巷尾和茶楼酒居常有一些人弈棋，初学乍练的彭述圣常挤入观看，日积月累，棋艺迅速长进，他相继战胜许多小棋伴，令人刮目相看。

约十五六岁时，一位号称"八大王"的陈八让少年彭述圣一马对弈，彭述圣不敌，陈八骂彭述圣是"臭棋"。这次讥讽极大地激发了彭述圣"奋发图强"的决心。他千方百计寻得古谱《适情雅趣》《橘中秘》《梅花谱》等，闭门三月，潜心钻研。20岁时，彭述圣再和兰州的几位一流名手对局，他们不仅不能让子，即使分先也常是彭述圣占优。于是，彭述圣迅速上升为兰州的一流高手。

彭述圣以棋为生，大多下的是饶子棋，这样使他在饶子方面练出了许多高深的技巧。如他既能饶先、饶马、饶双马或饶车，更创造出饶炮乃至饶全士象等对局实例。一些低手和他弈饶子棋，常有别开生面之新鲜感。为此，彭述圣又被誉为"饶子大王"。

1931年春夏之交，58岁的彭述圣在挚友王和生等人的鼓励和支持下，毅然踏上东行之路，他要以西北第一手的身份，去北平会会高手。彭述圣从兰州出发，先在黄河岸边乘皮筏到银川，然后改走陆路，再借骑沿途的骆驼或马匹代步，才得以穿越浩瀚的荒原和包头、呼和浩特等市，直到经张家口后才搭上了火车，行程一个多月，到达北平已是初夏天气了。

彭述圣在北平连胜京华诸多名手。

东北名手徐词海、赵文宣和天津名手钱梦吾也赶往北平。沈阳名手徐词海与彭述圣对弈三天，负六局，和一局；再和彭对弈时，虽然互有胜负，但徐词海仍多负六七局。彭述圣对锦州赵文宣之战以两胜一和一负领先。彭述圣又同钱梦吾、赵松宽、李同轩等交艺，没有一人能挡住彭述圣的棋锋。

解放时，彭述圣已有76岁高龄了，虽然孤身独处，但仍以棋为伴，以棋为"妻"，他仍是大西北众望所归的璀璨棋星。

在甘肃棋界的关心下，自1953年起，彭述圣主要从事棋艺整理工作，与他的好友王和生合作，编撰《传彭集》。内容分四部分：

一为凤枰，辑录和评述彭的整套让子对局，其中让马三局，让炮三局，让车一局，让全士象一局。这些都是彭述圣千方百计回忆出来并经反复审核才定稿的。

二为近局，选录1931年征战京华时的对局，并有彭述圣在城隍庙设局的精华。

三为残阵，选录彭述圣的精彩残局，及其所创作的少量排局，另有一些古谱诠释。

四为漫评，对新旧棋谱有选择地进行评论。另有一些彭述圣的弈棋心得。

1956年，第一届全国象棋锦标赛在北京举行，83岁高龄的彭述圣应邀任大会副裁判长，是大会的最高龄者。1960年1月，彭述圣因病逝世，终年87岁。

（三）象棋名局

1. 七星聚会

"七星聚会"是清代起广泛流传于民间的四大江湖名局之首，清代出版的著名

棋谱几乎都刊有此局，只是局名略有差异。在象棋排局中，"七星聚会"影响大，流传广，并被誉为"棋局之王"的"七星聚会"，也可叫作"七星同庆""七星拱斗""七星曜彩"，这局棋的棋图由红黑双方各七子组成，结局时又多以双方合计七子组成，所以又有"七星""七星棋""江湖七星""大七星"等名称。

"七星"，可有三种解释：

(1) 南方朱鸟七宿中第四宿有七星之名。如《礼·月令》："季春之月，日在胃（二十八宿之一），昏七星中。"

(2) 北斗七星。如《史记·天官书》："北斗七星，所谓璇玑玉衡，以齐七政。"

(3) 此局棋，双方各有七只棋子，寓意当指北斗七星为是。

大型著名古局"七星聚会"的红方一路边兵有两种摆法：一种是红兵在一·四位，如《心武残编》《蕉窗逸品》中的便是，另一种是红兵在一·五位，如《百局象棋谱》《竹香斋象戏谱》《渊深海阔象棋谱》中的便是，两种摆法在着法方面并无多大差异，只是前一种摆法的图势略为美观一点，着法也稍微复杂一点，民间棋局都是这样摆的。

"七星聚会"构思精巧，陷阱四伏。乍一看，红方似有胜机，棋摊前的"初生牛犊"常因求胜心切，误中设局人的圈套，故江湖艺人多以此局为谋生的法宝。

"七星聚会"的图势美观严谨，着法深奥精妙，变化繁复多端，引人入胜，是一则车卒大斗车兵的高深排局，所以深得江湖艺人的青睐，并成为其谋生的法宝。研究这局棋，可以提高

人们对车兵(卒)残棋的攻防战术在实战中的运用技巧。

此局名闻中外棋坛,民国初期,来中国弈访的国际象棋家丹麦人葛林瑞爱好上中国象棋,颇感此局变化莫测,引人入胜,故参用国际象棋的形式和记录方法,罗列各类正劣变着达300多种,译成英文,于1916年在上海出版,并将这局棋译成英文单行本,介绍到国外。从而使此局的影响扩展到西方。

2. 蚯蚓降龙

"蚯蚓降龙"是三卒单缺象对双车一兵的残局,原谱作者把双车比拟为大海中的蛟龙,而把三个小卒形容为行动缓慢、力量弱小的蚯蚓。由于特定的局势,双车被两外小卒牵制,不得随意活动,黑方得以巧运另一个小卒和灵活地变换士象的位置,苦战成和,这是弱子战和强子的一个典型残局。

此排局的双车虽矫若游龙,但始终

被两卒所牵制, 故名"蚯蚓降龙"。多
么形象的比喻, 全谱变化着法复杂繁
多, 攻守相应。

《百局象棋谱》的"七星聚
会""蚯蚓降龙""野马操田""千里
独行"等四篇排局名作, 被称为中国
古代象棋四大名局。

3. 千里独行

"千里独行"其结尾棋势是一车
大战三兵。《心武残篇》以其单车进
退纵横, 题为"单枪赵云"。此局的另
一特点是: 双方交锋过程中, 车、马、
兵 (卒) 和将 (帅) 士 (仕)、象 (相),
都能各尽所能, 充分发挥各自的攻
防战斗力, 即所谓"将、士、象柔中有
刚, 车、马、兵攻不忘守"。它是研究
残局中的解着、停着 (等着) 的好材
料。

4. 野马操田

"野马操田", 亦名"野马躁

田""大车马""管鲍分马",简称"野马"。

对于"野马操田",棋人们多有论述。最早搜集这局棋的是1879年出版的古谱《蕉窗逸品》(第3局);其后是1950年由香港李志海先生编著的《炮马争雄》;1962年由人民体育出版社出版,杨官璘、陈松顺先生编著的《中国象棋谱》(第三集);1990年10月至1991年4月出版的《象棋报》中由彭树荣先生所作的九篇介绍,把这局棋主要的变化都揭示出来了;还有1993年由安徽科学技术出版社出版的杨明忠、丁章照、陈建国先生选注的《象棋流行排局精选》(第30局),在对本局近二万字的介绍中,论述得最为详尽、全面、系统。

"野马操田"的主题是车马斗车卒,因其着法深奥,变化多端,而且一开始就有红方双车单马可以连杀的假象,所以江湖排局艺人都乐于摆设这局棋。本局

是早先的棋局，有红方一路边兵反而成为红方谋和的绊脚石，结果为黑胜。后来经过人们的修改，删去了红方一路边兵的修改局，其着法比原局更为奥妙，变化更为繁复，且可弈成和局。

应当说明，这局棋的着法会出现"长要杀""一将一要杀""一捉一要杀"等棋例，如按现行棋规，这是不允许的，但这是一则古局，应当按照那时的棋例来判定。因此，这里尊重古意，如遇上述棋例，双方不变，判作和局。

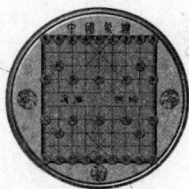

四、围棋史话

(一) 围棋概述

围棋是一种智力游戏, 起源于中国, 被喻为"黑白世界", 是人类历史上最悠久的一种棋戏。围棋的规则十分简单, 却拥有广大的空间可以落子, 使得围棋变化多端, 比中国象棋更为复杂。这就是围棋的魅力所在。下围棋对人脑的智力开发很有帮助, 可增强一个人的计算能力、记忆力、创新能力、思想能力、判断能力, 也能

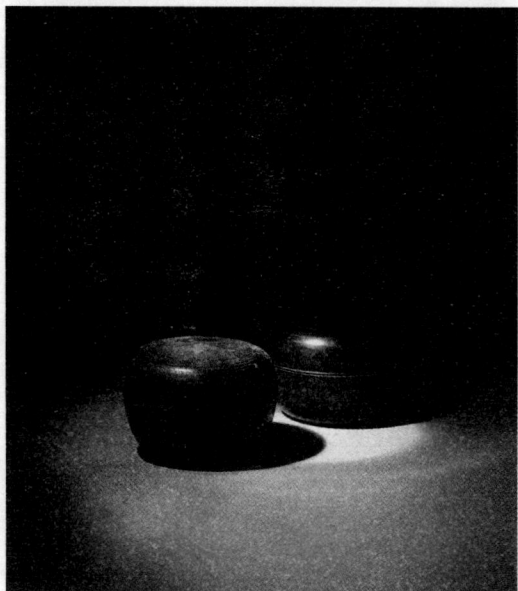

提高人对注意力的控制能力。下围棋也会对小孩子起到积极作用，使他们能更好地分析事物。

围棋盘是方形的，由纵横各19条线组成。19×19形成了361个交叉点，因此第一手有361种选择，第二手有360种选择，为了便于判定棋盘上各点的位置，采用坐标法进行编号，横线自上而下用汉字依次编为第一，……十九路，竖线从左至右用阿拉伯数字编第1，……19路。记录、说明或教学的时候均以先竖后横的次序为准。

围棋是电脑唯一下不好的棋，最强的电脑围棋也只有13级水平。围棋变化多端，而且还有定式，所以，围棋是棋类中较为复杂的。中国就是围棋的故乡，围棋高手也很多。

在古老的传说中, 是尧发明了围棋, 到现在为止, 已经有四千多年的历史了。

古代围棋与现代围棋下法有非常大的不同, 主要区别有以下四点:

第一, 古代围棋有还棋头 (眼位不是目, 该规则后来被日本废除) ;

第二, 古代围棋是白先黑后 (现代围棋黑先白后, 该规则后来被日本修改) ;

第三, 古代围棋没有贴目, 黑棋181子就获胜 (日本发明的贴目, 目前黑棋185子才获胜) , 无贴目围棋的下法已经失传了;

第四, 古代围棋是座子制, 最大限度限制先手优势 (后来被日本废除, 为了限制先手增加了贴目) 。

（二）围棋的演变与发展

围棋是中华民族传统文化中的瑰宝，它体现了中华民族对智慧的追求，古人常以"琴棋书画"论及一个人的才华和修养，其中的"棋"指的就是围棋。

1.古代的围棋

围棋是我国古人所喜爱的娱乐竞技活动，被人们形象地比喻为黑白世界，同时围棋也是人类历史上最悠久的一种棋戏。围棋将科学、艺术和竞技三者融为一体，对发展智力，培养意志品质和机动灵活的战略战术思想意识方面有很好的作用，因而，围棋在几千年来的长河中长盛不衰，而且还逐渐地发展成了一种国际性的文化竞技活动。

围棋相传已有四千多年的历史，在

整个古代棋类中可以说围棋是棋之鼻祖，在我国古代人们都称围棋为弈。据《世本》所言，围棋为尧所造。晋张华在《博物志》中亦说："舜以子商均愚，故作围棋以教之。"舜是传说人物，造围棋之说不可信，但它反映了围棋起源之早。

2. 春秋、战国时期

围棋已在社会上广泛流传了。《左传·襄公二十五年》曾记载了这样一件事，公元前559年，卫国的国君献公被卫国大夫宁殖等人驱逐出国。后来，宁殖的儿子又答应把卫献公迎回来。文子批评道："宁氏要有灾祸了，弈者举棋不定，不胜其耦，而况置君而弗定乎？"用"举棋不定"这类围棋中的术语来比喻政治上的优柔寡断，说明围棋活动在当时社会上已经成为人们习见的事物。

3. 秦、汉、三国时期

秦灭六国一统天下，有关围棋的活动鲜有记载。《西京杂记》卷三曾有西汉初

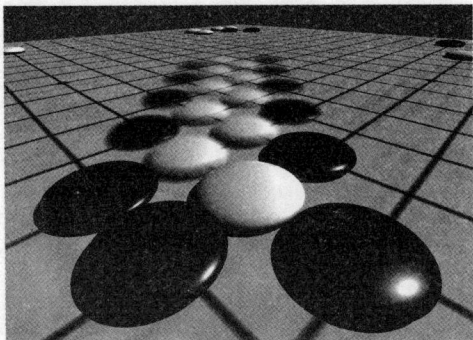

年"杜陵杜夫子善弈棋，为天下第一人"的记述。

4.南北朝时期

南北朝时期由于玄学的兴起，致使文人学士都崇尚清谈，因此弈风随之变盛，下围棋被称为"手谈"。上层统治者也都嗜好弈棋，他们以棋设官，建立"棋品"制度，对有一定水平的"棋士"，授予与棋艺相当的"品格"(等级)。当时的棋艺分为九品，《南史·柳恽传》载："梁武帝好弈，使恽品定棋谱，登格者二百七十八人"，由此可见棋类活动在当时是非常普遍的。现在围棋分为"九段"也是源于此。上述这些变化，极大地促进了围棋棋艺技术的提高，为后来围棋在中国的进一步发展和向国外的传播奠定了基础。

5.隋时期

在隋朝时期，围棋获得了很大的发

展, 也可视为是围棋在历史上发生的第一次重大变化时期。人们由19道棋盘代替了过去的17道棋盘, 从此19道棋盘成为主流, 这也是围棋棋盘的由来。并且随着隋朝实行的对外政策, 围棋被带到了朝鲜半岛。围棋走出了国门。

6.唐、宋、元时期

唐宋时期, 可以视为围棋发生的第二次重大变化时期。由于帝王们喜爱围棋, 再加上其他种种原因, 围棋得到很好的发展, 全国都弥漫着对弈之风。这时的围棋, 已不仅在于它的军事价值, 而主要在于陶冶情操、愉悦身心、增长智慧。在新疆吐鲁番阿斯塔那第187号唐墓中出土的《仕女弈棋图》绢画, 描绘的就是当时贵族妇女对弈围棋的情

形。从图中我们可以发现当时的棋局已以19道作为主要形制，围棋子已由过去的方形改为圆形。1959年河南安阳隋代张盛墓出土的瓷质围棋盘，唐代赠送日本孝武天皇、现藏日本正仓院的象牙镶钳木质围棋盘，皆为纵横各19道。中国体育博物馆藏唐代黑白圆形围棋子，淮安宋代杨公佐墓出土的50枚黑白圆形棋子等，都反映了这一时期围棋的变化和发展。

唐代"棋待诏"制度的实行，是中国围棋发展史上的一个新标志。所谓棋待诏，就是唐翰林院中专门陪同皇帝下棋的专业棋手。当时，供奉内廷的棋待诏，都是从众多的棋手中经严格考核后入选的。他们都具有一流的棋艺，故有"国手"之称。由于棋待诏制度的实行，扩大了围棋的影响，也提高了棋手的社会地位。这种制度从唐初至南宋延续了五百余年，对中国围棋的发展起了很大的推动作用。

从唐朝开始，昌盛的围棋随着中外文化的交流，逐渐走出国门。首先是日本，遣唐使团将围棋带回，围棋很快在日本流传。不但涌现了许多围棋名手，而且对棋子、棋局的制作也非常考究。除了日本，朝鲜半岛上的百济、新罗也同中国有来往，特别是新罗多次向唐派遣使者，而围棋的交流更是常见之事。《新唐书·东夷传》中就记述了唐代围棋高手杨季鹰与新罗的棋手对弈的情形，说明当时新罗的围棋棋手也已具有一定的水平。

7.明清时期

明清时期, 国人的棋艺水平得到了迅速的提高。其表现之一, 就是流派纷起。明代正德、嘉靖年间, 形成了三个著名的围棋流派: 一是永嘉派; 一是新安派; 一是京师派。这三派风格不同, 布局攻守侧重点也不同, 但皆为当时名手。在他们的带动下, 长期被士大夫垄断的围棋, 开始在市民阶层中发展起来, 并涌现出了一批"里巷小人"的棋手。他们通过频繁的民间比赛活动, 使得围棋更进一步得到了普及。随着围棋活动的兴盛, 一些民间棋艺家编撰的围棋谱也大量涌现, 如《适情录》《石室仙机》《三才图会棋谱》《仙机武库》及《弈史》《弈问》等二十余种明版本围棋谱，都是现存的颇有价值的著述，从中可以窥见当时围棋技艺及理论高度发展的情况。满族统治者对汉族文化的吸收与提倡，也使围棋游艺活动在清代得到了高度发展，名手辈出，棋苑空前繁盛。清初，已有一批名手，以过柏龄、盛大有、吴瑞澄等人为最。尤其是过柏龄所著《四子谱》二卷，改变明代旧谱之着法，详加推阐以尽其意，成为杰作。清康熙末到嘉庆初，棋坛涌现出了一大批名家。其中梁魏今、程兰如、范西屏、施襄夏四人被称为"四大家"。四人中，梁魏今的棋风奇巧多变，使其后的施襄夏和范西屏受益良多。

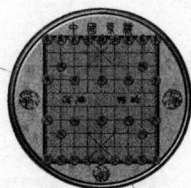

五、认识围棋

（一）围棋的棋具

1. 棋盘

盘面有纵横各19条等距离、垂直交叉的平行线，共构成19×19＝361个交叉点（以下简称为"点"）。棋盘上点了9个小黑点。由于围棋棋盘较大，点上这9个小黑点是为了让棋手们容易辨认方向位置。中央的黑点叫"天元"，四周的8个黑点叫"星"。下让子棋时，所授之子要放在星

上。

棋盘可分为九个部分：四个"角"，即左上角、左下角、右上角、右下角；四条"边"，即上边、下边、左边、右边；角、边以外的地方就是"中腹"。围棋盘的中央算高位，边、角算低位。边线位置最低的称为一路，其次是二线叫二路，四线以下算边，五线以上算中腹，在中腹就没有高低之分了。棋子就下在这些点上，在边、角、中腹任何一点都可以下。

2. 棋子

围棋的棋子分为黑白两色，均为扁圆形。棋子的数量以黑子181枚，白子180枚，因此黑白子加起来是361枚，恰好和棋盘的点数相同。不过一次对局不会全部用完，也就是说不需要这么多棋子就可以对局。

3. 围棋的下法

(1) 对局双方各执一色棋子，黑先白后，交替下子，每次只能下一子。

（2）棋子下在棋盘的点上。

（3）棋子下定后，不得向其他点移动。

（4）轮流下子是双方的权利，但允许任何一方放弃下子权。

最后一点可视下棋双方水平的情况而定。

分先：指双方水平旗鼓相当，由双方轮流执黑先走。按规定黑棋先走，有一定的先手威力，应由执黑的贴目。所以黑子所占的地必须超过181 1/2子才能取胜。而白子的地只要超过180 1/2子即可获胜。

让先：指水平略低的一方执黑先走，终局计算时不贴子。即各占180 1/2子为和棋，哪一方超过180 1/2子即可取胜。让子通常可视对方的水平差距情况让二子、三子、四子……九子。由水平低的一方执黑，先在"星位"放上数子，然后由白方开始下子。终局计算时，按让子数由黑方贴还1/2的子数。

(二) 围棋术语

1. 气: 一个棋子在棋盘上, 与它直线紧邻的空点是这个棋子的"气"。棋子直线紧邻的点上, 如果有同色棋子存在, 则它们便相互连接成一个不可分割的整体。它们的气也应一并计算。棋子直线紧邻的点上, 如果有异色棋子存在, 这口气就不复存在。如所有的气均为对方所占据, 便呈无气状态。无气状态的棋子不能在棋盘上存在。

2. 提子: 把无气之子提出盘外的手段。

3. 禁着点: 棋盘上的任何一子, 如某方下子后, 该子立即呈无气状态, 同时又不能提取对方的棋子, 这个点, 叫作"禁着点", 禁止被提方下子。

4. 尖: 在自己的原有棋子的斜上或斜下一路处行棋称为"尖"。在实战中, 尖是一种很坚实的下法，通常它的棋形不会太坏。

5. 长：指紧靠着自己在棋盘上已有棋子继续向前延伸行棋。"长"一般用于与对方接触交战的时候，便于将自己的棋子连成一片，更好地攻击对方。

6. 立：主要指向靠自己原有的棋盘上的棋子方向向下或向边线方向的行棋。

7. 挡：指直接阻挡对方侵入自己的地域或防止对方棋子冲出包围时，用自己的棋子紧靠住对方的棋子的行棋方法。挡的作用有两层含义，一是阻止对方破自己的空；二是防止自己包围的对方棋子冲出。

8. 并：指在棋盘上原有的棋子旁边的一线路上紧挨着下子。

9. 顶：指顶撞对方的棋子的着法，换一种说法就是在对方棋子行棋方向的棋子的头上下子。

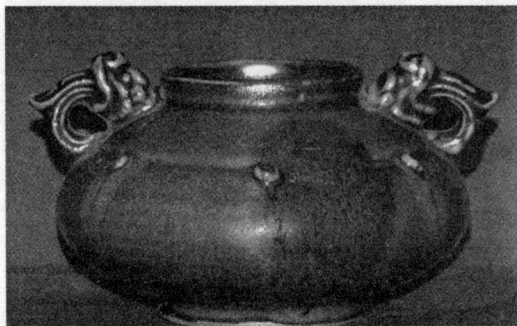

10.爬：指一方的棋子在对方的压迫下，沿着边上低位也就是一线或二线的位置上长。

11.终局：无单官或其他官子时，为终局；对局中，有一方中途认输，为终局。另一方中盘胜。认输时将两个自己的棋子放在右下角即可。

其他的术语还有很多，我们在这里就不一一列举了。

（三）围棋基本着法

1.吃子着法

(1) 双吃：当我们下一个子之后，使对方的两个子或两部分子同时都被打吃。我们同时打吃两部分，必定能吃住其中一部分。

(2) 门吃：在对方长一子的地方，两

边各有一子, 对方长一子又不长气, 还是一气吃。这种吃法, 即使当时不提子, 对方也跑不了。

(3) 抱吃: 在对方长一子的地方, 迎面有一子, 对方长一子又不长气, 还是一气吃。同上法一样。对方的棋子无法逃脱。

(4) 征子: 从两边连续不断打吃, 使对方在一气和两气之间走棋, 长不出气来。左右连续打吃, 自己是一身双打吃的断点。

(5) 封 (枷) : 把对方的子虚罩住的着法。封 (枷) 的特点是不和对方的子接触。自己用于枷吃对方的子, 不和对方的子挨着, 枷吃一旦出现, 对方的子就跑不了。

(6) 扑与倒扑: 是在对方能连接回家的那个断点上断打、紧气、断吃。利用对方的断点, 紧气吃子。

(7) 接不归: 利用对方的断点多, 在

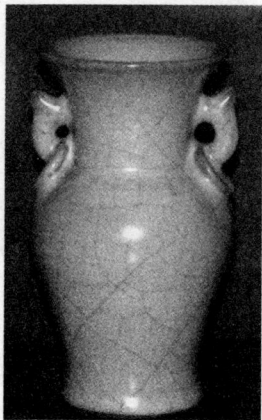

打吃情况发生时不能都连回。在中央和边角都有发剩。利用对方的断点多，在打吃情况发生时不能都连回。

（8）比气：在对杀时，气长的才能胜，所以在对杀时，要想法长自己的气，紧对方的气。要想法利用对方的毛病，长自己的气，紧对方的气。

（9）边角吃子：边角挡住棋子的路，所以在边角作战时，利用边线和角挡住棋子的路，尽可能将对方赶向边角。

2.走棋着法

（1）拆边：在边角范围内，向左右发展间隔一线或若干线下一子。

（2）挂角：在布局时，一方已有一子占角的情况下，另一方在其附近相差一、二路的位置上行棋，挂是为破坏对方完全占角部而与对方分占角部的主要行棋方法。

(3) 夹攻：对局的一方用两子将另一方的棋子夹在中间的行棋方法。夹攻常用于对付挂角的子。

(4) 跳：是指在与原有棋子隔一路的位置上行棋。它一般用于双方对局彼此接触交战的时候，为逃出自己方的孤子或者追杀对方薄弱的棋时很常用。从边路向中腹进军的主要的步伐就是跳。

(5) 镇：是一方的棋子行在另一方中腹关起的位置。

(6) 飞：分"小飞"，"大飞"还有"象步飞"，其中"小飞"指的是在原有棋子的呈"日"字形的对角交叉点处行棋。"大飞"指在原有棋子的呈"目"字形的对角交叉点处行棋。"象步飞"就是指在原有棋子的呈"田"字形状的对角空交叉点处

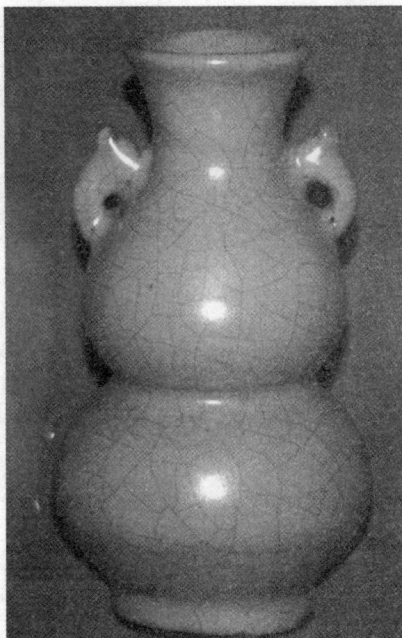

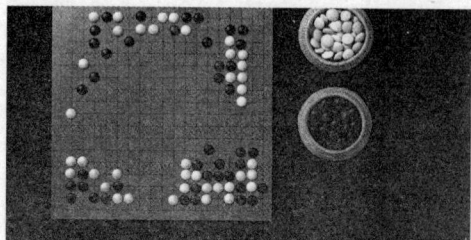

行棋。

(7) 搭：指一方和对方的棋子挨在一起。这是一种借力使力的着法。在攻击和防守时常用。

(8) 飞出 尖出：当对方使用"镇"后，正面的出路被挡，只能斜着出头的方式。

(9) 大场：在布局阶段，双方都想占到的要点。

(10) 分投：把棋子下到对方势力范围内，同时两边有拆边的余地，这样的下法就叫作"分投"。

(11) 打入：把棋子下到对方的地盘内，而且没有拆边的余地，这样的下法叫"打入"。

3.基本攻杀着法

(1) 挖：在对方间隔一线的两个棋子中间下一个棋子。这是一种重要的常用着法，就像用铁锹挖土一样，挖进对方的棋里。"挖"用途广泛，在吃子、死活棋、攻杀中都少不了挖。

(2) 夹：主动下成两边是自己的棋子，中间是对方的棋子。是在紧气时，常用的一种有效着法。就像用筷子夹东西一样，把对方紧紧地夹住、紧住，不放松。

(3) 立：在四、三、二线的棋子，连着向边线方向直着下一子。这是边、角行棋使用的专用术语。在中腹连着走一个棋子就叫"长"了。"立"是利用边角特性的好棋。发生在边角一带的吃子、死活棋、攻击中，都可能藏有"立"的好着。

(4) 点：在对方直线连接的断点旁或阵势的要点上下的棋子。"点"与"刺"有同意，"点"的叫法多用在边角，而在中腹的断点旁下的子叫"刺"的时候比较多。

(5) 枷——飞封和软封：用飞的棋形来封住对方的棋子，就叫"飞封"。软封

又俗称"送佛归殿"，其实是枷和抱吃或征子等组合着法的戏称。

(6) 滚打：逼迫对方走成愚形的同时，还收紧对方外气的组合着法。它是破坏对方棋形的一种常用着法，它的特点常常以扑作为一连串手段的开始。

(7) 倒脱靴：它是先送后收，先送对方最少四个子，然后再回吃对方的子。这种着法主要用于攻杀和死活棋之中。

(四) 围棋基本布局

1. 三连足

名字很形象，即在边上星位连下三颗子。这一布局极易成大模样，对于另一方来说，必须有"钻地道"和"拆天桥"的能力，否则必败无疑。

2. 二连足

较之三连足，二连足更为灵活多变，速度也快，并可视局部变化取地或取势，而不像三连足那样很容易就走上单一取势的道路。

3.中国流

它的得名源于1965年中国围棋代表团，当时以陈祖德为首的5位棋手全部使用这一布局。一位日本记者便为它起了这个很吸引人的名字。

它的外形与三连足相似，如果把它放平了看，有一种"桥"的感觉，因此在中国也叫做作梁式布局。但是"中国流"并不始创于中国人，而是日本棋圣道策，不知有意还是无意，他下出了最早的"中国流"。

（五）死活棋形

终局时，经双方确认，没有两只真眼的棋都是死棋，应被提取。终局时，经双方确认，有两只真眼或两只真眼以上都是活棋，不能提取。

眼：就是由棋子围绕的空点，且围绕的棋子连接完整无缺陷。

假眼：由棋子围绕的空点，但围绕的棋子连接有缺陷。

破眼：利用棋子连接或棋形的缺陷，占据或破坏要点，叫对方做不成真眼。

做眼：补好棋形上的缺陷，做出真眼

或摆出眼形。

双活: 谁也不能杀谁, 而且有一或两口气的棋。

死活棋: 一块棋有两个要点的, 是活棋; 一块棋没有要点的是死棋; 一块棋有一个要点的是先做就活, 先杀就死。也就是说, 活死棋是那种只用一手就能做出两眼活棋的那种。

常见的死活棋有: 直三、曲三、直四、曲四、丁四、方块四、刀把五、梅花五、葡萄六。

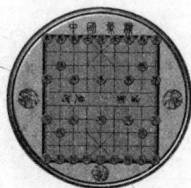

六、围棋古谱、围棋名家及围棋名局

(一) 围棋古谱

1.《碁 (棋) 经》(敦煌石室古写本)

此书是现存最早的围棋专著, 现存伦敦博物院, 卷首已经残缺, 卷尾题"碁经一卷"及古藏文签名。内容包括: "碁经"七篇、"棋病法"、梁武帝《棋评要略》。著者除第三部分为梁武帝外, 其余均未写明。但据文中将黑子称为乌子, 可知作者为北周时人, 因而三个部分大约是南北

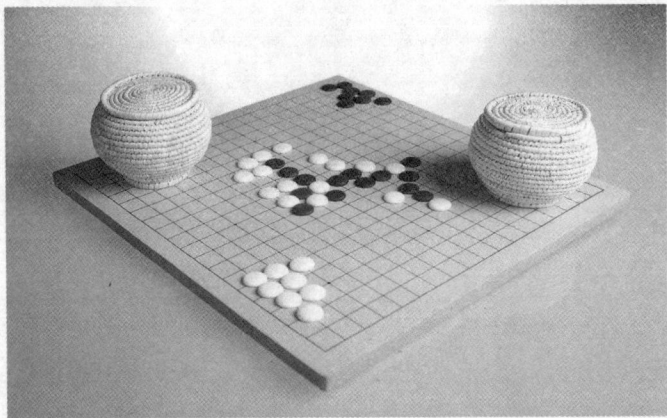

朝时作品。

2.《忘忧清乐集》（宋本）

宋李逸民辑，共三册取，宋徽宗诗"忘忧清乐在枰棋"之意。卷首为宋皇祐中学士张拟所撰《棋经十三篇》(模拟《孙子兵法》格式)，被历代弈家推为经典著作。稍后为刘仲甫撰《棋诀》，亦颇精彩，至今尚有实用价值。接着是历朝国手对局，最古的是"孙策诏吕范弈棋局面"，就是世传的"吴图"，但真伪莫辨。不过无论真伪，均是现存最早的棋谱。第二册是定式，第三册是棋势，即角上死活。亦均为现存的最早围棋作品。本书为极珍贵文物，现藏北京图书馆。

3.《玄玄棋经》(明本)

元晏天章、严德甫撰，原名《玄玄

集》。因卷首冠以张拟的《棋经十三篇》，所以后人习惯称它为《玄玄棋经》。现存的为明朝坐隐斋自订本（"坐隐"是围棋别名之一），共4卷。本书虽有起手法、古遗局等，但重点放在100个死活题上。这些棋势不仅起名生动，如"野猿过水势""入穴取鱼势"等，而且质量极高。本书颇受日本棋界重视，曾多次翻印出版，广为流传。

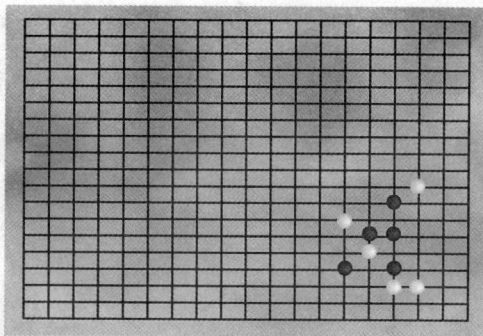

4.《仙机武库》《石室仙机》《万汇仙机》

明代弈谱爱用"仙机"两字，其中名声最著、价值最高的是《仙机武库》，明陆元宇辑，张怀玉刊，共8卷，明版。这是一部综合性棋书，集前人之大成，与《玄玄棋经》齐名。内容亦以死活题为主，有许多在角上寥寥几子未定形的死活题，实用价值更高。《石室仙机》，明许毂

辑，明版，共5卷。《万汇仙机》，潞王朱常浩纂，明崇祯甲戌刻本，分10册，现北京大学图书馆存有善本。

5.《四子谱》

过百龄编，清版，几经翻刻印刷，流传很广，影响很大。本书以角上起手法即"定式"为主。标志着当时棋手已着重在起手方面下工夫，是一大进步。所录"定势"着法精劲，实用价值极高。

6.《官子谱》

陶式玉编，清版，以死活题为主，内容丰富，可与《玄玄集》媲美。日本棋界亦曾翻刻流传。

7.众多的清代著作

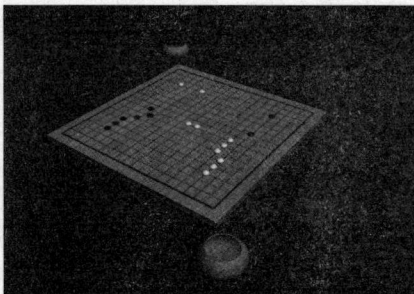

清代是围棋全盛时期，名手辈出，著述更多，著名的有：《弈府阳秋》，盛大有编；《不古编》，吴瑞征编。以上两书均为编录当时高手对局的，刻本不多，已不易见。《兼山堂弈谱》，徐星友编，因录有与黄龙士的10局"血泪篇"而流传。该书解说精良，是极好的对局评注集，屡有翻刻。《弈括》《黄龙士全图》，黄龙士著。《桃花泉弈谱》，范西屏著。《弈理指归》与《弈理指归续编》，施襄夏著，钱长泽绘图。施襄夏、范西屏的著作为清代的经典著作。

施、范并称海昌二妙，有《海昌二妙集》，屡有翻刻，广为流传。《寄青霞馆弈选》，王存善编，共8卷，编辑年代较晚，几乎全录了清代名手的重要对局。上海市棋社存有徐润周等人捐赠的古谱两千余册，其中著名的清代著作还有：《弈妙》，吴峻编；《残局类选》，钱长泽编；《居易堂围棋谱》，沈赋编；《弈程》，张稚博编；《弈隅

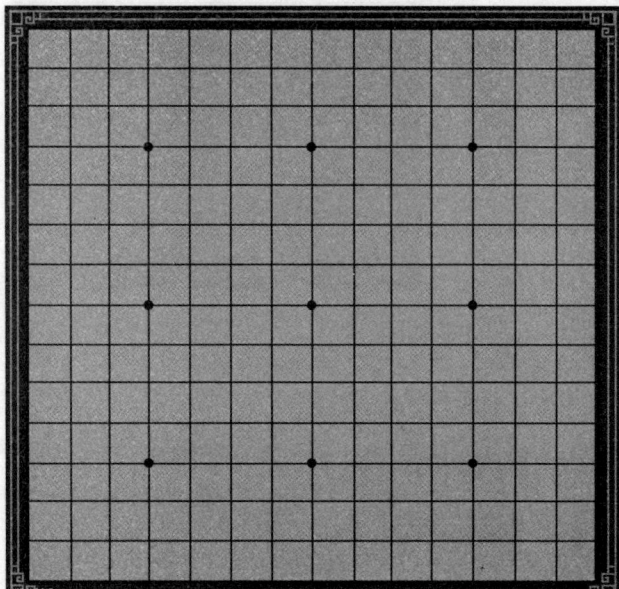

通会》，汪似圆编；《绘声园弈谱》，金春亭编；《稼书楼手谈》，员履亨编；《潘景斋弈谱约选》，楚桐隐、章芝楣合评；《皖游弈萃》《餐菊斋棋评》，周鼎编；《晚香亭弈谱》，高岱编；《听秋轩弈谱》，刘子通选；《清朝弈汇》，徐德焕编。

(二) 围棋名家

1. 聂卫平

聂卫平，1952年8月17日出生，河北深县人。中国围棋协会副主席兼技术委员会主任，中国棋院技术顾问。1974年日本围棋代表团访问中国，聂卫平战胜了连胜6场锐气逼人的宫本直毅九段而初露锋芒。1975年、1977年、1978年、1979年、1981年在全国围棋锦标赛中, 五次获得冠军。1979年在第一届"新体育"杯赛中获冠军 (并保持"五连冠") , 同年在第一届世界业余围棋锦标赛中获冠军。1976年在中日围棋对抗赛中, 率团访日的聂卫平战胜当时日本超一流选手石田芳夫九段, 以6胜1负的成绩在日本被称为"聂旋风"。1974年—1980年间, 先后与日本九段棋手对弈30局, 胜17局、和2局、负11局。中国围棋界一般将1975年—1979年称为"聂卫平时代"。1979年聂卫平获得国家体委颁发的"十佳"运动员称号。1982年被授予九

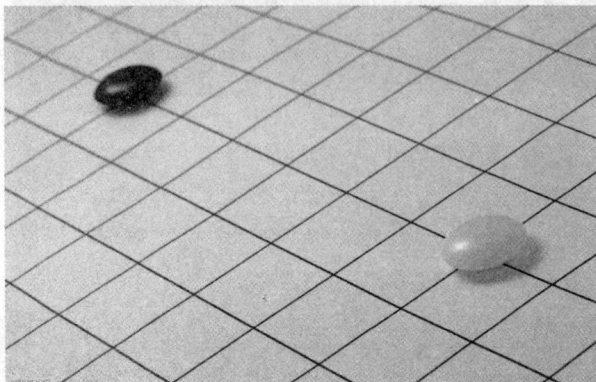

段，1988年被中国围棋协会授予围棋"棋圣"称号。1999年被评为"新中国棋坛十大杰出人物"。四届中日围棋擂台赛中11连胜，是其个人巅峰时期，也为围棋在中国的普及产生了重要影响。著有《我的围棋之路》《聂卫平自战百局》等书。

2. 吴清源

吴清源是著名围棋手，他一生雄居"天下第一"的无冕王位，1914年6月12日，他出生于福建福州的名门望族，后举家迁入北京，很早即在围棋上表现出过人的天分。早年以"围棋神童"出入段祺瑞府邸及北京中央公园（现中山公园）来今雨轩棋席，14岁东渡日本，开始其职业棋手生涯。1933年，年仅19岁的吴清源运用自创的"新布局"，对阵本因坊秀哉名人，翻开了围棋史上崭新的一页。吴清源自1939年的"镰仓十番棋"开始独霸擂台，连续15年，将日本所有一流棋士与之对局的交手棋份，不是降为相差一段的先相先，就是降为相差二段的定先。这期间，是他建立辉煌业绩的全盛时代，更是充分展示了其过人的意志和才华，因此被称为"昭和棋圣"。

吴清源晚年又将毕生精力放在了提携后进、促进围棋国际化和中国围棋的发展上，他著有《新布局法》（与木谷实合作）、《吴清源全集》《吴清源自选百局》《名局细解》《吴清源打棋全集》全4卷、《以文会友》《中的精神》等。他更以毕生之体悟，融汇古老的中华文化，提出21世纪的围棋——六合之棋。

3. 范西屏

范西屏（1709－1769年），清代围棋国手。名世勋，海宁郭店人。幼聪颖，3岁时见其父与人弈，常一旁观看。后拜名棋手山阴俞长侯为师，潜心钻研，13岁即崭露头角，16岁随师游松江，屡胜名家，成为国手。20余岁游京师，与各地名手较量，战无不胜，名驰全国。被棋坛推崇为"棋圣"。他弈棋出神入化，落子敏捷，灵活多变。袁枚曾为其作墓志铭，称："西屏之于弈，可谓圣矣。"当时，唯有同乡同学施襄夏可以匹敌。范西屏为人耿直朴实，他不求下棋之外的生财之道。有了钱财，也将一半分给同乡中的困难人家。

范西屏的棋风，前人有不少总结。棋手李步青曾对任渭南说："君等于弈只一面，余尚有两面，若西屏先生则四面受敌者也。"这是说范西屏全局观念特别强。

范西屏的《桃花泉弈谱》二卷，也是我国历史上最有影响、价值最大的古谱之一，这本书内容异常丰富、全面，精辟地记载了范西屏对于围棋的独特见解。此书一出版，便轰动棋坛，风行一时，以后重刻版本很多，二百多年来影响了无数棋手。

4.施襄夏

施襄夏名绍暗，号定庵，浙江海宁人，清代围棋国手。施襄夏从小就读于私塾，是个老实、文静的孩子。他的父亲是位雅士，擅长诗文书法，也画些兰竹之类。施襄夏念完功课，便坐在父亲身边，看他抚琴下棋。渐渐地，他对棋艺产生了兴趣，开始向父询问其中的道理。施襄夏的棋艺是在游历各地，与众多名手对

弈中提高的。施襄夏50岁以后，和范西屏一样，也客居扬州，教授学生，为培养下一代花了不少心血，他的学生很多，但他始终很谦逊。晚年在扬州，他还写了不少围棋著作，为后来棋手留下了宝贵的遗产。

施襄夏在理论上也贡献很大，他是在认真总结了前人棋著的得失之后，写出自己的著作的。他十分推崇《兼山堂弈谱》和《晚香亭弈谱》，但也大胆、尖锐地指出了它们的缺陷，这种科学态度是难能可贵的，这使得施襄夏的著作较前人有了很大发展。他的《弈理指归》二卷，是我国古棋谱的典范，是他一生心血的结晶，可与《桃花泉弈谱》媲美。因此书原文是文言口诀，字句深奥，图势较少，钱长泽为之增订，配以图势，集成《弈理指归图》三卷。

（三）围棋名局

1. 新布局登陆之局

这是吴清源和本因坊秀哉的一个对决。

1933年，新布局旋风席卷日本棋坛。读卖新闻社因此举办比赛，选出一位新布局的代表者与秀哉名人进行一场特别对局。吴清源在众选手中脱颖而出，后来各大报纸称这一战为"不败名人对鬼才的决战"。这盘棋吴清源执黑以三三、星、天元开局，石破天惊。最终吴清源虽然以两目告负，但本因坊秀哉享有随时"打挂"的特权。且本因坊家的集体研究也难避嫌疑。五年后，在秀哉名人引退棋中，木谷实强烈要求实行"封棋制"即由此而来。

2. 百目大杀局

这是一盘大杀局。

1978年，怪杰藤泽秀行在首次卫冕战中1比3落后的绝境下，竟在第五局中扭转乾坤，除去"刽子手"加藤正夫两条巨龙！当时藤泽年已五十有三。最令

棋界为之永远警醒的是，藤泽局后发表感想时说："我深为现在的胜负偏离了其本质而痛心，如将一盘棋比作双方争100元，几乎所有的人都认为能拿到51元就可以了。但我却认为应该拿到其全部，这才是真正的胜利。本来能杀的棋不杀，即使获胜了，也称不上是真正的胜利！"

3. 一统大三冠之局

1983年，27岁的赵治勋前来向已实现棋圣六连霸的藤泽秀行挑战。在前六局中，戏剧性地出现了藤泽先三连胜，而后赵治勋连扳三局的局面。无奈，上帝垂青后来者，在第七局决战中，赵治勋1目半逆转小胜，首次将日本"大三冠"(棋圣、名人、本因坊)集于一身，成为当之无愧的"第一人"。此记录直至今天仍无人与之共享。这也是1973年第12期名人战林海峰对石田芳夫首次实现三连败后四连胜大逆转的再一次大逆转。

4. 轮椅对局

赵治勋夺得棋圣后，连续击退林海峰、武宫正树的挑战，达成棋圣三连霸。但1986年初他很不幸地遭受了车祸，而读卖新闻又拒绝推迟棋圣战决战日程。无奈之下，赵治勋坐在轮椅上与儿时起的强敌小林光一对棋。虽然小林最终以4比2取胜，但在前三局中，赵治勋失手第一局后竟连胜两局。最关键的是，即使坐在轮椅上，浑身缠满绷带，仍一如拧螺丝一般落子，赵治勋也从未言退。这种斗魂直至今日仍令棋界为之备受感动。

5. 开天辟地之局

1985年是中国乃至世界围棋史上都不平凡的一年。中日围棋擂台赛诞生了。

在一片"中方必败"的舆论声中，首先是江铸久神勇的五连胜为比赛增加了一点悬念，后来"擂台英雄"聂卫平连胜日本小林光一、加藤正夫、藤泽秀行三位"超一流"令世人震惊。中国由此造就了一代甚至两代棋迷。聂卫平不仅使中国队奇迹般地获胜，而且他本人也由此完成了自我超越，从此跻身于世界级"超一流"之列。

6. 抱憾终生之局

第一届应氏杯决赛，第四局好局痛失后，聂卫平在第五局的发挥与曹薰铉相比天上地下。此前，聂卫平虽然也有在第四届中日擂台赛中不慎失手的变故，但总体上他一直处于极佳的上升态势。然而，自从他在这盘棋败北后，以后即使他偶有"回光返照"之举也终挽不住走下坡路之颓势了。相反，曹薰铉夺冠后，不仅开创了韩国围棋新时代，而且他从此长盛不衰。一局棋改变了两大高手的命运，真可谓造化弄人。也因此，聂卫平不止一次地说，这盘棋令他痛憾终生！

(四) 围棋与哲学

围棋的发明基本上公认于尧舜时代。因此，我们赋予了围棋丰富的中国哲学元素。

尧舜时代，人们基本上是平等的，没有阶级和等级之分，人与人之间相互平等自由，无拘无束，所以这也反映到围棋中来了。围棋上的每一颗棋子都是平等的，没有谁重要谁不重要之分，围棋的行子也很自由，361个点位你可以随便走。这也反映出我们的祖先生来就是追求平等、自由的。

围棋的棋子也很特别，就两种颜色，一白一黑。这里也有中国哲学因素在里面，黑白二色是天地间最基本的两种元素，而且具有唯

一性和排他性，非白即黑。中国古代哲学基本上讨论天地宇宙比较多。宇宙里黑白也是最容易辨别的元素，黑白也构成了这个世界基本的美学概念。

围棋所包含的哲学思想还体现在纵横19路上。古人没有说明白为什么只能是19路，但是实际上证明只有19路是最科学合理的。现代大数学家吴文俊先生说：我们研究这19路棋，如果延4路把中间点数全部围住和用子把3路全部围住，所用棋子相差无几，所围点数也会相差无几，如果再改为任何路数，比如17路、21路、23路等，则相差就非常大了，所以从拓扑学的数学角度看，19路是最科学的，其余的都不行。

围棋艺术其实也和其他胜负艺术一样，比如取与舍。无舍则无取，没有舍，最后将一无所得。所以围棋中的高手行棋，有时会舍弃一些子，实际上他是在为了求得更大的势力。

围棋中还包含了老子所提倡的哲学,"夫不争则天下莫与之能争",也就是不争而争。围棋里面有一个非常重要的东西叫作"势"。

"势"不是一个具体的东西,也就是说看不见,听不到,摸不着,但它的确存在,人们能感受得到,可以说它是一种状态,一个存在。"势"这个东西在围棋行子开局时看不出来,力量似乎也没有,但是愈到中盘,愈到决战的时候,它的力量在整个过程上,则越来越强大。无在无不在,无争无不争。这一点在胜负的艺术中,围棋可以说是彰显得最为淋漓尽致的,没有任何其他一个胜负艺术可以与之媲美。

正因为围棋中包含如此多的奥秘,最具备中国哲学的艺术,所以千百年来无数人乐在其中。

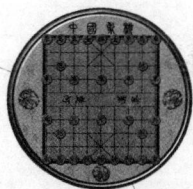

七、象棋、围棋所展示的中国文化

俗话说得好，棋局小世界，世界大棋局。围棋和象棋，均以棋盘和棋子映射出了中国传统社会的缩影。

首先我们先来说一下围棋。围棋棋子除有黑白两色的区别之外，所有棋子在功能上并无任何区别，每个棋子的性能相同，地位相等。而其胜负的标志就是看双方所占地盘之大小，如果想要占领更多的地盘，就必须拥有两个以上独立的"眼"。

"眼"，即活动空间，也是对方不得侵入，和中国古代的城池的作用相似。从这一点我们可以看出古人的线性思维轨迹：要想生存发展，就必须拥有地盘，要想保住地盘不丢失，就要使自己的地盘连成一片，并且还必须有所依托，这个依托就是城池（眼）。个体棋子威力微弱，但如果把它们联合在一起则会呈现出所向披靡的态势。这一点也体现了人类早期的追求目标和较为平等的价值观念，有点军事民主制的意味。

但是象棋就不一样了。它将棋子分为将（帅）、士（仕）、象（相）、马、车、炮、兵（卒）等七种，功能各不相同，而且胜负仅仅取决于将帅是否存亡。只要将帅还在，即使是全军覆没也不算输；要是将帅被吃，即使你一个子也没有丢失那也算是失败。其余棋子因功能不同而都有自己固定的位置，而且位置不同所体现的价值也大有区别。车可横冲直撞，所向披靡；马可腾越出击，纵横驰骋；炮可隔子发威，火力凶猛；士、象则拱卫城池，以身护帅；兵卒则亦步亦趋，只进不退。由此可以看出象棋棋子地位的悬殊。如果我们就本领与杀伤力来说，将帅属于最为无能的一个子，不仅行动迟缓而且不能越出九宫，还要所有棋子拼死护卫，即使被杀光吃光也在所不惜。其余各子也是等级森严，贵贱分明：车可以说是棋中至宝，万万不能轻易放弃，只要不是为最高领袖，绝不可以放弃。马、炮地位基本相等，开局时炮的价值似乎稍胜于马，而在残局中马的价值则远远胜于炮。最为悲惨的就是兵卒了，虽然数量众多，但是价值微弱，只许前进，不能后退，因此兵卒也是最容易被放弃的。即使躲过被牺牲的

厄运，艰难地拱到底，也仅仅是个"老卒"。这一点可以说是等级社会最为生动、最为集中的具体体现，是中国封建社会的缩影。这也是下层人民和兵士在传统社会里处境的真实写照，是中国传统文化体系中贱视苍生的生动体现。相比之下，国际象棋中虽然也有很多兵卒，但本领却比中国象棋中的棋子大很多，而且兵卒一旦冲到底线，就可以摇身变"后"，法力无边，给予下层人士以安慰和希望。

再来看一下它们的发明时间，围棋必定产生于严格的等级制度形成之前，这一点应该没有异议。棋中的各子平等、机遇相同的构思设计，就是中华先秦文化中

"民本思想"和人类早期军事民族制的
具体体现。然而象棋各子之间与生俱来、
无从更改身份差异和为保护最高统治者
而不惜耗尽生灵的僵化理念，皆是秦代
以后专制制度的最佳诠释，加上"楚河、
汉界"作为佐证。我们可以很肯定地说，
围棋必早于象棋。

接下来我们看一下棋手，下围棋的人
主观能动性大，自主性强。他不必为保全
事先已设定好的统帅而煞费苦心，只需要
以全局形势为依据进行判断。然而下象
棋的人相比之下就没有这么轻松，他必须

经受折马损炮甚至是丢掉爱车的痛苦，而仅仅是为了保护那位无能的统帅。这可以说是将一人的存亡凌驾于整个群体的安危之上，这就是典型的传统专制思维的折射。

总而言之，围棋和象棋反映出中国传统文化在不同层面、不同阶段逐渐形成的两种不同的思维方式和价值观念，围棋的存在表明中华文化体系中存在过并且至今仍存在着民主的精神、平等的理念；而象棋中很重要的一面，是它表现出

先人为保江山社稷而不惜一切代价的群
体理念和视死如归的牺牲精神。这两种
精神和理念相辅相成，共同支撑着中华
民族的精神大厦。而围棋和象棋就是这
两种精神和理念的结晶，是中华民族文
化体系的活的化石和小小缩影，我们应为
拥有围棋和象棋而深感自豪。